Serie Bases Bíblicas | Libro 4

el camino DE LA FE

VOLUMEN II

FRANK Y NOLA
WARREN

CASA CREACIÓN

La mayoría de los productos de Casa Creación están disponibles a un precio con descuento en cantidades de mayoreo para promociones de ventas, ofertas especiales, levantar fondos y atender necesidades educativas. Para más información, escriba a Casa Creación, 600 Rinehart Road, Lake Mary, Florida, 32746; o llame al teléfono (407) 333-7117 en Estados Unidos.

El camino de la fe, Volumen II por Frank y Nola Warren
Publicado por Casa Creación
Una compañía de Charisma Media
600 Rinehart Road
Lake Mary, Florida 32746
www.casacreacion.com

Edición por Nola J. Theo
Director de Diseño: Bill Johnson
Diseño de portada por: Justin Evans

Library of Congress Control Number: 2013958050
ISBN: 978-1-62136-909-7
E-Book ISBN: 978-1-62136-910-3

Nota de la editorial: Aunque los autores hicieron todo lo posible por proveer teléfonos y páginas de internet correctas al momento de la publicación de este libro, ni la editorial ni los autores se responsabilizan por errores o cambios que puedan surgir luego de haberse publicado.

Impreso en los Estados Unidos de América
14 15 16 17 * 6 5 4 3 2 1

DEDICATORIA

Dedicado a todos nuestros alumnos de los dos lados de la frontera, quienes ahora están predicando el evangelio en todo el mundo. Gracias por ser parte de la visión. Ustedes enriquecieron nuestras vidas.

—Francisco y Nola Warren

A la memoria de Francisco Warren
(1932-2006)

AGRADECIMIENTOS

Muchas gracias a las personas que ayudaron hacer esta obra posible, especialmente a las personas que transcribieron las grabaciones de Francisco Warren a manuscrito, y editaron toda la obra para poder tener las clases en esta forma.

Un agradecimiento especial a Blanca Aguilera, Gloria Quiñones y Nolita Warren de Theo.

Gracias a mi asistente, Adriana Zavala, quien me ayudó con muchos detalles para poder tener tiempo de trabajar con este libro.

CONTENIDO

Prólogo por Marcos Witt ix

Prefacio xi

Transfondo histórico xiii

Introducción xv

1. Capítulo 9 de Romanos 1

2. Capítulo 10 de Romanos 19

3. Capítulo 11 de Romanos 31

4. Capítulo 12 de Romanos 49

5. Capítulo 13 de Romanos 61

6. Capítulo 14 de Romanos 71

7. Capítulo 15 de Romanos 76

8. Capítulo 16 de Romanos 83

Puntos para profundizar 91

Referencias 95

PRÓLOGO

He tenido la experiencia de conocer a muchas personas hambrientas por conocer y estudiar la Palabra de Dios, pero pocas como Francisco Warren. Cuando él llegó a mi vida, yo solo tenía 5 años de edad. Se casó con mi mamá, varios años después que hubo muerto mi padre biológico, dejando viuda a mi madre, a mis escasos dos años de vida. El impacto que tuvo este caballero en mi vida es incalculable. Sin embargo, puedo decir, a ciencia cierta, que uno de los resultados más importantes de haber sido mi papá por 39 años, es el amor y la pasión que me inculcó por la Palabra de Dios.

A mi papá le encantaba hablar de la Biblia, leerla, meditarla y, en muchísimas ocasiones, discutirla por largas horas con sus colegas y amigos. Mucha de mi formación bíblica inicial, fue estar sentado en la mesa del comedor de la casa, escuchando a mi papá y los demás adultos hablar por horas sin fin, acerca de los múltiples y diversos temas de la Biblia, fueran sencillos o complicados. Lo que más admiré de él, fue su capacidad de mantener un equilibrio estable entre las posiciones extremas que algunos tienden a tomar, con respecto a algunas enseñanzas bíblicas. En muchas ocasiones, me enseñó a buscar el buen balance que hay en el estudio de la Biblia. Me exhortó a mantenerme lejos de los extremos. Me decía que los extremos eran como la hierba mala en un jardín que le chupa la vida a las flores, restándole belleza y futuro al mismo.

Además del arte de balance, me enseñó a buscar maneras sencillas de explicar la Biblia. En lugar de buscar las grandes palabras o los elocuentes ejemplos, Don Francisco se iba a lo más básico, a lo elemental, con el fin de dar a conocer los principios puros. Su filosofía era sencilla: ¿De qué me sirve enseñar algo que nadie puede entender, por haberles fallado en la explicación? De esta manera, usaba ilustraciones de la vida cotidiana, con la cual el oyente se sentía identificado, permitiéndole la entrada al principio espiritual y nada más. ¡Brillante!

Me emociona que han transcrito muchas de sus enseñanzas en esta serie de libros, ya que estoy seguro que servirán para la edificación y educación cristiana de la Iglesia actual. Hoy día, no sería quien soy sin el aporte de Francisco Warren en mi vida. Ahora, a través de estas enseñanzas, usted también podrá recibir el impacto de su manera balanceada, sencilla y digerible de enseñar la Palabra de Dios.

Que le haga buen provecho,

—MARCOS WITT
HOUSTON, TEXAS

PREFACIO

Durante sus 39 años de ministerio en México, Francisco Warren no solamente era el fundador y pastor de varias iglesias, sino que también era el director del Instituto Bíblico Bethel, en Durango, México. Él amaba la Palabra de Dios más que nada y pasó horas enteras escudriñando las Escrituras para hallar otra pepita de oro allí escondida. Por eso, él era uno de los mejores maestros de la Biblia que jamás haya conocido.

De las clases que él dio en el instituto bíblico, surgieron los estudios que usted encontrará en este libro. Pudimos grabar muchas de ellas, mientras él estaba enseñando en el salón de clases, con las cuales pudimos sacar esta *Serie de bases bíblicas*.

Nuestra esperanza es que estas enseñanzas sean de bendición para cada uno de ustedes como lo fueron para aquellos que estuvimos oyéndolas en vivo, con el Pastor Francisco.

—Nola Warren

TRASFONDO HISTÓRICO

EL LIBRO DE Romanos esta dividido en dos partes principales:

- Cap. 1-11: Salvación por fe
- Cap. 12-16: Deberes cristianos

Cuando Pablo escribió la carta a los Romanos todavía no había visitado a Roma, pero estaba con la esperanza de visitarlos pronto (1:10).

EL AUTOR

Sabemos con certeza que el apóstol Pablo es el escritor del libro de Romanos al leer Romanos 1:1 lo siguiente: *"Pablo, siervo de Jesucristo, llamado a ser apóstol, apartado para el evangelio de Dios"* (Romanos 1:1).

Cada uno de los autores de la Biblia refleja su propia personalidad al escribir lo que el Espíritu Santo les iba inspirando a escribir. Por ejemplo, si primero fuéramos a leer las cartas de Lucas y después las de Pablo, podremos ver que sus escritos son muy distintos y diferentes porque son personas con perspectivas distintas. Lucas dice: "esto sucedió"; Pablo dice: "Dios hizo esto; Dios habló esto; esto es lo que Dios está diciendo; ésta es la doctrina de Dios". Lucas escribe desde otra perspectiva. Veamos una vez más el primer verso: *"Pablo, siervo de Jesucristo, llamado a ser apóstol, apartado para el evangelio de Dios"* (Romanos 1:1).

¿Qué significa esta palabra "apartado"? Significa separado ¿Apartado para qué? Para predicar el evangelio de Dios. Estas son las Buenas Nuevas. Todos necesitamos oír las Buenas Nuevas. Yo quiero saber más sobre todo lo bueno que Dios tiene para mí, más de sus mandamientos. Hay veces que pensamos que ya conocemos todo sobre Dios porque sabemos algunos versos de memoria, pero mi ferviente deseo es realmente conocerle a través de su Palabra.

La carta de Romanos fue escrita durante la última visita de Pablo a Corinto (Hechos 20:1-2). Vamos a mezclar los datos de estos pasajes para entender mejor lo que estaba sucediendo. En la última visita a Corinto, después de que "cesó el alboroto, llamó Pablo a los discípulos y habiéndolos exhortado y abrazado, se despidió para ir a Macedonia. Y después de recorrer aquellas regiones, y de exhortarles con abundancia de palabras, llegó a Grecia". Grecia es el país donde se encuentra la ciudad de Corinto.

INTRODUCCIÓN

El libro de Romanos es uno de los más importantes de la Biblia. ¿Por qué? En este libro encontramos las Buenas Nuevas, lo que Dios hace y su Nuevo Pacto. Al estudiarlo, comenzamos a captar más la grandeza y obra de Dios (según nuestra capacidad de entender las cosas), y empezamos a comprender que Dios es muy sabio; que Él es más sabio que nosotros y también entendemos que Él no hace las cosas según nuestra habilidad de razonar o entender. En este estudio tendremos que amar a Dios con toda nuestra *mente.*

> ***Jesús le dijo: Amarás al Señor tu Dios con todo tu corazón, y con toda tu alma, y con toda tu mente (Mateo 22:37).***

Pablo nos ayuda a comprender un poco más las grandes verdades contenidas en el evangelio. Estas verdades producirán gran libertad en su vida espiritual también, pero para gozar de una plena y total libertad, es necesario conocerlas y estudiarlas.

Para mí, si una persona entiende el libro de Romanos, la libertad va a llegar a su vida, porque Cristo dijo: "*...y conoceréis la verdad, y la verdad os hará libres*" (Juan 8:32). Nos hará libres de todo engaño del enemigo y libres para servir a Dios en la manera que debemos servirle.

Quiero darle un ejemplo de la protección que provee la verdad en la vida del creyente. Todos conocemos el verso que dice: "*Y nosotros tenemos este mandamiento de él: El que ama a Dios, ame también a su hermano*" (1 Juan 4:21).

En este verso, la Biblia nos está diciendo que debemos amar a nuestro hermano. Ya lo sabemos, pero no basta con saberlo, porque el enemigo puede engañarnos. Cuando el enemigo viene, y seguramente vendrá, y nosotros tenemos un arma en la mano que es la Palabra de Dios, no logrará engañar ni atraparnos, ni podrá llevarnos lejos de lo que Dios tiene para nuestra vida, porque con la Palabra de Dios podemos hacer huir al enemigo. La verdad nos hará libres.

Otra verdad muy importante que aprendemos en Romanos es el poder de la gracia de Dios en nuestra vida. Tenemos que estar bajo la gracia de Dios y no bajo la ley. Ninguna cosa espiritual va a funcionar en nuestra vida si no estamos bajo la gracia de Dios. Una ley sirve para decirnos qué hacer y qué no hacer. Vivir bajo la ley de Dios es cuando decimos: "Haz esto, esto y esto, y Dios le bendecirá". La única debilidad de esta ley somos nosotros, porque no podemos hacer "todo" y en lugar de recibir la bendición de Dios, recibimos la maldición de Dios, por no poder cumplir con toda la ley.

Así que Romanos nos enseña que todo el mundo está bajo el juicio de Dios, porque ha desobedecido la ley. ¿Qué vamos a hacer? ¿Vamos a hacer nuestro mejor esfuerzo? Todo lo que nosotros podamos hacer, en nuestra propia fuerza, es basura. Tenemos que dejar que Dios trabaje en nuestra vida. Tenemos que dejar que Dios derrame su amor en nosotros. Es necesario permitirle entrar e ir poniendo su naturaleza en nosotros. El estudio de Romanos nos enseñará a hacer precisamente esto.

Vamos a estudiarlo con nuestra mente, abriendo nuestro corazón para poder captar lo que Dios tiene para nosotros.

EL TEMA

El tema de la epístola a los Romanos es una respuesta completa y lógica que responde a la gran pregunta de los siglos: ¿Cómo se justificará el hombre con Dios? ¿Cómo puede una persona tener una relación con Dios en la que no hay nada entre esa persona y Dios? Romanos nos enseña que debemos tener un camino limpio, una relación íntima y buena con Dios pero, ¿cómo podemos tener eso? En otras palabras: ¿Cómo puedo estar sin culpa? A esto, el apóstol le llama *la justificación por la fe*, y es el tema de la doctrina principal de Romanos. Es la gran doctrina: La justificación por la fe y no por obras.

No es por nacer en el rancho o en tal ciudad o región. No es según su estado social. Es por fe. Esta fue la gran revelación que tuvo Martín Lutero, el padre de la Reforma en el siglo XVI. Era sacerdote y no quería salir de la iglesia, pero él volvió a descubrir esta doctrina de que el justo vivirá por la fe. En los inicios de la iglesia católica, también creían esta doctrina, pero se apartaron de la verdad y Dios mandó personas como Martín Lutero para traerlos de nuevo a la fe. Los principales de la iglesia, en lugar de aceptar sus recomendaciones, de humillarse y arrepentirse, lo corrieron y después lo perseguían para matarlo. Sin embargo, fue un momento demasiado importante en la historia de la Iglesia.

La justificación no es por obras. En aquellos días (los de Martín Lutero) tenían la costumbre de vender indulgencias. En otras palabras, que cualquiera que comprara un papel que decía "está perdonado" creía recibir perdón por cualquier pecado y por determinado número de años de castigo en el purgatorio. Las vendían para conseguir dinero. Martín Lutero se levantó y dijo: "La justificación solamente es por fe y no por pagar indulgencias".

Podemos resumir el tema de la siguiente manera: La justificación de los pecados es que somos justificados (vivir según la justicia y razón). ¡Justo eres!

Todos hemos sido justificados. Quizá usted siente culpa, pero quiero decirle que no hay condenación para los que están en Cristo Jesús. Cuando es justificado, ha sido aceptado, aprobado, corregido (en el sentido de que ya no vive como antes vivía). Más adelante vamos a estudiar esto con más detalle. Podríamos decir que este es el primer pensamiento principal en el libro de Romanos: "El justo vivirá por fe."

El siguiente pensamiento principal de Romanos es *la santificación de los creyentes*. Esta es una palabra muy mal entendida en muchos lugares. Lo interpretamos, equivocadamente, como algo permanente que hace Dios en cada uno de nosotros. Muchas veces pensamos que estamos mejorando y que estamos llegando a ser mejores cada día, pero en un ratito algo sucede y ¡pum! Nos enojamos y empezamos a guardar rencor, comenzamos a hablar muy brusco a cualquier persona o viceversa, y reconocemos que no estamos santificados. ¿Qué pasó con nuestra santificación? Creímos que ya estábamos mejorando. Tenemos que entender que la santificación es sólo por la gracia de Dios. El Diccionario de la Real Academia da como un significado de "santificar" lo siguiente: "Hacer venerable algo por la presencia o contacto de lo que es santo". Cristo en nosotros es nuestra santificación, y entre más contacto tengamos con Él, entre más buscamos su presencia, más dedicados seremos a Dios y a su manera de hacer las cosas.

Para lograr captar realmente este gran libro, tendremos que escudriñar temas como este. Espero contestar preguntas como: ¿Qué es la santificación? ¿Cómo podemos tenerla en nuestra vida? Muchos no entienden cómo podemos ser santificados o santos, pero Dios nos ha dejado las Buenas Noticias, y éstas son sencillas y están al alcance de todos.

En el capítulo 16, encontramos la ocasión y razón para escribir el libro de Romanos. Pablo estaba en su última visita a Corinto y allí él encontró a una hermana cristiana llamada Febe. Ella se dirigía a Roma y parte de la razón por esta carta es para presentarla con los hermanos de la iglesia y recomendarla:

> ***"Os recomiendo además nuestra hermana Febe, la cual es diaconisa de la iglesia en Cencrea; que la recibáis en el Señor, como es digno de los santos, y que la ayudéis en cualquier cosa en que necesite de vosotros; porque ella ha ayudado a muchos, y a mí mismo" (Romanos 16:1-2).***

Es interesante notar que ella, siendo mujer, ocupaba un lugar de liderazgo en la iglesia primitiva. Si seguimos leyendo el texto, vemos que Febe llevaba la carta. Pablo, sabiendo que ella iba a Roma, aprovechó la ocasión para escribir esta carta y mandarla con ella. Pero, ¿por qué no la mandó por correo? ¿Cuál correo? En ese tiempo muchas veces no había corredores para llevar las cartas y por eso Pablo aprovechó la oportunidad para enviar por medio de ella una carta a la iglesia en aquel lugar. Gracias a Dios por Febe y también por Pablo que fue quien escribió la carta.

En esta porción de Romanos vemos que Pablo les avisa de una futura visita, y les declara las verdades que le habían sido reveladas. Pablo les dice que no había recibido este mensaje de los hombres sino que la había recibido directamente del cielo, de Jesucristo.

En los primeros nueve capítulos de esta carta es donde encontramos el desarrollo de la doctrina de la justificación por la fe. Esta es la gran doctrina de la Biblia.

En cuanto a la dispensación, Pablo habla de Israel y muestra la relación de los israelitas en el plan de salvación de Dios. Esta sección contesta la pregunta: ¿Qué lugar ocupa la nación judía en el plan de salvación?

Hoy en día hay cristianos que están muy confundidos respecto al lugar que tiene el país de Israel. Muchos piensan que Israel es el pueblo escogido de Dios y que tenemos que ayudarlos, que tenemos que bendecirlos, que tenemos que orar por Jerusalén todos los días o vamos a caer en miles de problemas.

Pero tenemos que recordar que estamos en el *Nuevo Pacto* con Dios. ¿Qué pasó con Israel? Ellos rechazaron las promesas de Dios que vinieron por medio de Abraham a su descendencia: "En ti serán benditas todas las naciones del mundo". Cuando llegó esta bendición (que es Cristo) los israelitas la rechazaron. Jesús nació de David. Cristo llegó como cumplimiento de esa promesa, pero el pueblo de Israel lo crucificó. Entonces ellos perdieron la bendición que Dios tenía para ellos, aunque algunos sí creyeron, la mayoría desde entonces han rechazado la idea de Jesús como el

Mesías. Por eso, Dios en sus planes eternos, amando a toda su creación, volvió y ofreció salvación a los gentiles, y los gentiles sí aceptaron a Cristo.

Otra palabra que vamos a ver en este libro es *condenación*. No podemos ser salvos si no estamos perdidos. Podemos estar en alta mar y si no sabemos nadar bien nos podemos hundir, y por más que digamos "¡Voy a salvarme!", esto no será suficiente, sino que tenemos que pedir ayuda y gritar: "¡Ayúdenme!", "¡Socorro!". Seguimos gritando hasta que llegan a rescatarnos. Cristo es nuestro "salvavidas", pero si pensamos que todo está bien en nuestra vida y que podemos salvarnos a nosotros mismos, nunca vamos a abrir nuestro corazón a Cristo. Con todo esto no piense que el mensaje principal de Romanos es la condenación, sino que todo esto es para despertarnos a la realidad de que necesitamos un Salvador. Cuando reconocemos esto, viene Cristo caminando sobre el agua para salvarnos. ¡Gracias Señor!

En resumen, en los capítulos 9 al 11 veremos temas como la condenación, la justificación, la santificación y el pueblo de Israel. Vamos a ver lo que dice la Biblia respecto de estos temas. No nos ocuparemos de lo que digan los hombres, porque muchas veces estamos basando nuestra creencia en lo que éste o aquel predicó, o en algo que leímos en algún libro. Cuando usted toma la decisión de escudriñar y estudiar lo que dice la Biblia sobre estos temas, será una gran revelación a su vida.

EL VOCABULARIO

Como estamos empezando el estudio del libro de Romanos, hay ciertas cosas que debemos estudiar antes de entrar de lleno. Romanos, como otros libros de la Biblia, fue escrito con un vocabulario no muy común al nuestro. Entender el vocabulario es crucial para comprender la doctrina que Romanos nos comparte.

La primera vez que yo enseñé Romanos en la escuela bíblica hace años, ¡deben haberme escuchado! Habíamos regresado apenas de nuestra luna de miel, cuando la hermana Nola se enfermó al grado de obligarla a estar en cama por seis semanas. Yo no hablaba casi nada de español, pero tuve que tomar su lugar en la clase que ella enseñaba. Ella hacía las notas y después yo las escribía en el pizarrón y así es como yo daba la clase. Según yo, estaba enseñando muy bien, pero cuando tomaron el examen y todos reprobaron me di cuenta que nadie había entendido el material. Desde aquel entonces siempre doy el significado de estas palabras al principio del curso para que puedan entender de lo que estamos hablando.

1. Propiciación

Jamás he encontrado la persona que me pudiera dar el significado de la palabra propiciación. Nunca he escuchado que alguien la use en alguna predicación. Creo que para la mayoría de nosotros, es una palabra que se encuentra solamente en la Biblia. Pero la idea de la propiciación es de suma importancia si deseamos recibir la obra de salvación. La propiciación es algo que le da libertad a Dios para salvarnos. Podríamos decir que Dios está atado. Él ama a su creación. Él ama a toda la raza humana y quiere bendecirnos, pero no puede. ¿A qué se debe esto? Se debe a nuestra separación de Él. Estamos separados de Dios por medio de nuestras rebeliones y pecados. Nuestras iniquidades nos separan de Él.

Dios quiere bendecirnos pero está atado por la justicia de su carácter que no le permite convivir con el pecado.

Usted puede tener un hijo muy rebelde, y quizá le haya desobedecido, causado pleitos, golpeado a sus hermanos. Usted como su padre lo ama y quiere bendecirlo, pero no puede. Usted está atado. Su justicia dice que tiene que hacer algo para corregir la situación antes de que pueda bendecirlo. De igual manera, Dios quiere bendecirnos pero no puede. Él está atado. Por eso, Dios mandó una propiciación. La propiciación es algo que le da libertad a Dios para mostrar su misericordia y poder bendecir al pecador. Sin propiciación, sin un sacrificio, Dios siendo justo, no podría perdonar y bendecir al pecador. ¿Cuál es nuestra propiciación? Cristo fue nuestra propiciación, nuestro sacrificio. Él tomó nuestro lugar para que pudiéramos recibir su perdón y misericordia.

Me gusta usar la ilustración de un juez, al que se le estaban presentando los casos para juzgar. Uno de los acusados que estaba delante de él tenía una lista grande de todos los delitos que había cometido: había robado varios bancos, había matado a un policía, había robado en varias ocasiones. Era una lista enorme. Al final, el juez vio al hombre y su nombre era Juan Rodríguez. El juez pregunta: "¿Tú eres Juan?". "Sí", contestó el acusado.

Juan había crecido en la casa al lado de la del juez y su familia y era gran amigo del hijo del juez. Juan siempre estaba en la casa del juez. Era como un hijo para él, hasta el día que la familia del juez se cambió a otro lugar y perdieron el contacto. Ahora Juan estaba delante del juez con una larga lista de acusaciones. Juan era como su propio hijo y él lo amaba. Tenía buenos recuerdos de él.

Ahora, el juez no puede pasar por alto todo lo que ha hecho Juan. El juez no puede hacer esto porque es un juez justo. Debido a que no sabe qué hacer con este caso, lo dejan para el siguiente día. Cuando el juez llega a su casa, comienza a platicar con su hijo sobre lo que había pasado y el hijo del juez le dice:

—Papá, Juan es mi mejor amigo. Perdimos el contacto con él pero aún es mi amigo, ¿Lo va a mandar a la cárcel?

—Por la lista de delitos que Juan ha cometido le corresponde un sentencia de veinte o treinta años en la cárcel—contestó el juez.

—Papá, no puede hacer eso. Yo amo tanto a Juan que voy a tomar su lugar.

Así que el caso del juez y de Juan continúa así: Al día siguiente le dijo el juez a Juan: "Mi hijo va a tomar tu sentencia. Tú quedas libre". El hijo había llegado a ser la propiciación para Juan.

Esto mismo nos sucedió con Jesús. Él tomó nuestro lugar en la cruz, librando las manos de Dios por toda la eternidad. Así Dios puede bendecirnos y mostrar su misericordia. No podemos olvidarlo jamás. Estamos aquí porque tenemos una *propiciación* que es Cristo Jesús.

La Biblia nos habla de dos tipos de justicia. La primera es la justicia que tiene Dios. La justicia de Dios va de acuerdo con su carácter divino y es a través de ella que Él muestra su carácter a la gente. Pero también existe otra justicia, y es la que Dios da a los que están en Cristo Jesús. Una es la justicia por su naturaleza y la otra es la justicia por su justificación. Podríamos describirlas así:

La justicia que Dios tiene de acuerdo con su carácter, el

carácter de Dios, y cuando Él deposita esta justicia en nosotros nos va a causar vivir de cierta manera. La otra justicia es la que Dios nos da. Su justicia que nos limpia de pecado.

Veamos qué nos muestra sobre la justicia Romanos 3:25: "*...a quien Dios puso como propiciación por medio de la fe en su sangre, para manifestar su justicia...*". En este instante, la palabra "justicia" se refiere a la justicia de Dios. Él mostró que es justo, y que no puede bendecir a alguien que anda mal, alguien que anda sin una propiciación, sin que alguien tome su lugar y lleve el castigo por él. Sabemos que un juez justo no comienza a liberar a personas que han cometido crímenes serios, porque si lo hace entonces deja de ser un juez justo. No es posible que el juez diga: "Vamos a arreglar esto. Deje algo de dinero en la mesa y lo arreglamos". ¡No! Es claro que eso no sería justo, ni estaría obrando justamente, ni tampoco Dios puede trabajar así. Él tiene que tener una propiciación y en este caso Él mostró su justicia por medio de requerir una propiciación.

¿A quién puso Dios como propiciación por medio de la fe en su sangre? ¿De quién estamos hablando? ¡De Cristo! Cristo es nuestra propiciación y Él es quien hace posible que Dios pueda mostrar misericordia y no ejecutar su justicia. ¿De quién es la justicia? La justicia es de Dios.

Es una justicia que Dios nos otorga por medio de creer en Jesucristo. Como dice Romanos 3:21-22: "*Pero ahora, aparte de la ley, se ha manifestado la justicia de Dios, testificada por la ley y por los profetas; la justicia de Dios por medio de la fe en Jesucristo, para todos los que creen en él...*".

Hay una justicia de Dios que causa que actuemos de cierta

manera, pero hay otra justicia que Dios nos da. Tenemos que entender esto o vamos a tener algo de confusión.

2. Justificación

¿Qué es la justificación? Es el acto jurídico de Dios, basado en su justicia y por medio de la cual declara justo al que cree en Jesucristo. Alguien, como en el caso de Juan, como el hijo del juez que tomó la culpa de su amigo. El juez entonces lo tiene que declarar justo, libre de culpa, porque su hijo había llevado esa culpa y castigo por Juan.

Aquí quiero mencionar otra cosa respecto de la Trinidad. Sería fácil, quizás, ver o pensar que en el cielo hay tres personas distintas. Podemos pensar que el Padre dijo: "Hijo, ¿puedes ir al mundo y morir por los hombres?". No creo que fue así. La Biblia dice que Dios mismo se manifestó en la carne. Nuestro Dios, el Creador, se vistió en un cuerpo humano y en esta manifestación en la carne, era el Hijo de Dios, pero también era Dios. ¡Sí! La Biblia dice que era Dios en Cristo reconciliando al mundo a sí mismo. Sí, Jesucristo es verdadero hombre pero también es el verdadero Dios, y el único lugar donde vamos a ver a Dios es en Cristo Jesús.

Veamos 1 Juan 2:23: "*...El que confiesa al Hijo, tiene también al Padre*". ¿Por qué? ¿Dónde está el Padre? Él está en el Hijo. El padre tomó un cuerpo humano por medio de María y esta manifestación es el Hijo de Dios. Pero, también es Dios porque la Biblia dice: "*Él es la imagen del Dios invisible*" (Col. 1:15). En Hebreos 1:3 dice que "*el cual, siendo el resplandor de su gloria, y la imagen misma de su sustancia...*". Él es Dios manifestado en la carne y llega para reconciliarnos con Él mismo. El que recibe al Hijo, recibe al Padre y el que rechaza al Hijo, rechaza al Padre. No podemos rechazar al

Hijo y amar al Padre. Él ya está en el Padre, reconciliando al mundo para sí mismo.

Cristo nos mostró que Él es Dios. Dijo: "Si no me creen por mis propias palabras, crean por las obras que estoy haciendo". Cuando estaba en el monte de la transfiguración su rostro comenzó a brillar más que el sol. Él es nuestro Dios manifestándose en la carne. Dios es invisible. Él cubre todo el universo. No podemos verlo, pero Él se manifestó en Cristo Jesús y vamos a ver a nuestro Dios en la cara de Cristo, y podemos oír a nuestro Dios por medio de la boca de Jesucristo.

No entendemos cómo es posible que Cristo sea Dios y sea hombre al mismo tiempo. Yo solamente estoy hablando lo que la Biblia dice. Jesús es Dios hecho carne. Es la imagen misma del Dios invisible. Pablo dijo: "En Él vivimos y andamos". Dios está en todas partes y si queremos saber cómo es Dios, vamos a ver a Cristo Jesús porque Él es el Padre manifestado en carne que llegó a ser el Hijo de Dios.

Todavía estamos hablando de la justificación y es más que un perdón de los pecados. *"Al que no conoció pecado, por nosotros lo hizo pecado, para que nosotros fuésemos hechos justicia de Dios en él"* (2 Corintios 5:21).

En otras palabras, tenemos la justicia de Cristo. Se cambió nuestra injusticia por la justicia de Él. Por ejemplo, usted va a una tortillería y tiene diez pesos. Usted deja sus diez pesos y se lleva las tortillas. Es un cambio. Nosotros en la salvación tenemos un cambio. Dios llevó toda nuestra culpa y nos da toda su justicia. Usted dirá: "Hermano Francisco, explíqueme cómo es posible eso". No sé cómo explicarlo porque sobrepasa mi entendimiento, pero mi espíritu se goza y salta pensando que tenemos la justicia de Dios. ¡Y debemos dar gracias a Dios todos los días! En Cristo Jesús no hay ninguna condenación, porque Él llevó toda nuestra culpa y nos da su justicia.

Puedo decir que estoy viendo mucha justicia aquí entre todos ustedes (por la vida de ustedes). No hay culpa. Tal vez usted no se siente justificado, pero quiero decirle que andamos por la fe. De esto se trata todo el libro de Romanos: una vida basada en la fe. Le pregunto: ¿Anda por fe o por vista?

¿De dónde viene la fe? Viene por medio de oír la Palabra de Dios. ¡Es maravilloso! Eso es lo que va a librarnos de la condenación. No nos librará el tratar de hacer lo mejor. Podemos decir: "Durante toda la semana yo voy a hacer todo bien. Voy a ayudar en todo. Voy a hacer algo para Dios. Toda la semana voy a andar bien". Estoy seguro que muy pronto se dará cuenta que no puede hacerlo, y se desanimará, quizá. Quiero evitarle todo ese problema con la siguiente frase: ¡No es posible!

Si podemos andar bien con nuestra propia fuerza, no necesitaremos a Dios. Sin embargo, lo que he aprendido y experimentado es que Él es el que anda bien *en* nosotros. Tenemos la justicia de Dios *en* nosotros. Es nada más y nada menos que estar envuelto en el carácter de Dios y esta es la justificación.

¿Cómo podemos alcanzar la justificación? Por medio de la *propiciación*. Cuando Cristo murió por nosotros Él llevó toda nuestra culpa. Él llevó todo nuestro pecado y ahora estamos envueltos con la justicia de Dios. ¡Sin culpa! Como si nunca hubiéramos pecado. ¡Me gusta esto! Yo puedo imaginarlos a ustedes justificados también.

3. Santificación

¿Qué es la santificación? Es una separación del pecado inherente, esa naturaleza pecaminosa con la que todos nacemos. ¿Dónde está el pecado? ¡Aquí en el mundo! Hay que tener cuidado con el mundo. ¿Dónde está el mundo? ¡Aquí en nosotros! Yo puedo ir a una cantina y no significa que me voy a contaminar. Yo no entro a las cantinas porque no quiero que nadie piense que yo estoy entrando para tomar. Pero, yo podría entrar a una cantina y sentarme en el bar, pedir una coca y después voltear con la persona que tuviera al lado y decirle:

—¿Cómo está señor?

—Mal, mi esposa me abandonó— responde la persona.

—Bueno, yo conozco a alguien que puede ayudarle.

—¿Quién? ¿Quién es?

—Jesucristo.

—¿Jesucristo? Pero Él no me ama.

—Sí le ama.

—¡Pero yo he pecado mucho!

—De todas maneras Él le ama.

Conté todo esto para darle un ejemplo de que yo sí podría entrar a una cantina para predicar. Me gustaría entrar a predicar a las cantinas, pero no lo hago para no dejar un mal testimonio.

Hace algunos años, hubo un hermano en una de nuestras iglesias que tenía problema con el alcohol, y durante dos días no llegó a su casa. La esposa me llamó y me dijo: "Hermano, yo creo que está en alguna cantina tomando". Entonces yo le dije a la señora que me hiciera una lista de los lugares a donde él iba. Salí y busqué por aquellos lugares al hermano para llevarlo a su casa. Mi punto es que el hecho de entrar a una cantina no es lo que le contamina, sino cuando la cantina entra en nosotros es cuando hay problemas.

La santificación es una separación del pecado inherente y una dedicación a Dios. Es la obra que hace el Espíritu de Dios en nosotros. Usted no puede santificarse a sí mismo, así como tampoco puede perdonarse a sí mismo ni quitar la culpa de su vida. Dios tiene que hacer esas obras. Dentro de nosotros está una naturaleza pecaminosa y el Espíritu de Dios entra y nos separa de esta fuerza inherente, la fuerza y poder del pecado, y nos ayuda a vivir en santificación.

Si usted, cada día, toma una hoja limpia para anotar todo lo bueno que ha hecho, eso significa que no ha permitido que Dios le separe del pecado. Él es nuestra santificación.

4. Redención

De acuerdo al *Diccionario de la Real Academia Española* significa: "Rescatar o sacar de esclavitud al cautivo mediante precio". ¿Qué es "mediante precio"? La mejor ilustración que podemos dar son los mercados de esclavos. Era como un remate. Los compradores ofrecían distintos precios por los esclavos y algunas veces separaban a las familias. Separaban al hombre de su mujer, o a un hijo de sus padres. Gracias a Dios que en la mayoría de los países ya no es legal esta práctica, aunque sigue habiendo esclavitud que se practica de otras formas y debemos hacer todo por ayudar a estas personas.

Pero, puede imaginarse que un señor da una cantidad de dinero para comprar a algún esclavo juntamente con su esposa, con la finalidad de no separar a esta familia. Cuando se los entregan al nuevo dueño, ese señor les dice: "Ustedes quedan libres. Se pueden ir y hacer lo que quieran". Esta actitud era rara. Y los mismos esclavos se sorprenderían de esto y dirían: "Pero, señor, ¿por qué?". "Porque yo no quiero verlos como esclavos. Esta no es la voluntad de Dios para su vida. Son libres". Me puedo imaginar que la conversación podría ser la siguiente:

Esclavos: Pero no tenemos a dónde ir, no tenemos trabajo.

Señor: Bueno, si ustedes quieren pueden venir y trabajar conmigo.

Ahora, esta familia que había sido esclavizada, se va con él a trabajar como sus empleados y no como esclavos.

Cuando se escribe Romanos, era común la esclavitud en todo el mundo, hasta en la misma sociedad judía. Si alguna familia se endeudaba demasiado, era común vender algún miembro de la familia como esclavo para pagarla. También sucedía durante las guerras cuando algunas personas eran capturadas. Lo que era diferente en la cultura judía era el Año de Jubileo. Una fiesta que se celebraba cada 50 años en la que toda deuda era perdonada y los esclavos eran liberados. Pero ¿qué pasaba si al ser librado, un esclavo decidía quedarse como un siervo voluntario de su amo? Si esto sucedía, la persona entonces se colocaba una especie de arete o se agujeraba la oreja como señal de su lealtad y compromiso con su amo.

Por esto, aparece esta idea en el libro porque Dios no quiere esclavos. Dios quiere voluntarios. Si quiere entregar su vida voluntariamente al Señor está bien, pero Él no quiere esclavos. Él quiere hijos que estén sirviendo de corazón. Hemos sido comprados con un precio y este precio no es ni plata ni oro sino la sangre preciosa de Jesucristo.

Luego Cristo nos pone en libertad. ¡Somos libres! Vamos a decir: "Señor yo quiero andar contigo"; "Yo quiero sujetarme a ti y servirte". ¡Somos libres porque fuimos comprados con sangre!

Para conocer y estudiar sobre los capítulos del 1 al 8, le recomendamos que adquiera *El camino de la fe, Volumen I.*

CAPÍTULO 9
DE ROMANOS

EN ESTE CAPÍTULO, logramos ver un poco de la pasión y el amor que Pablo tenía por las almas perdidas.

> ***"Verdad digo en Cristo, no miento, y mi conciencia me da testimonio en el Espíritu Santo, que tengo gran tristeza y continuo dolor en mi corazón. Porque deseara yo mismo ser anatema, separado de Cristo, por amor a mis hermanos, los que son mis parientes según la carne" (9:1-3).***

Es increíble el amor de Cristo que moraba en Pablo, al grado de decir: "Yo estoy listo para ser crucificado por ellos, por el amor que tengo" especialmente por sus propios familiares.

Su deseo es que llegue la salvación a aquellos que nacieron en la ley.

> ***"…que son israelitas, de los cuales son la adopción, la gloria, el pacto, la promulgación de la ley, el culto y las promesas; de quienes son los patriarcas, y de los cuales, según la carne, vino Cristo, el cual es Dios sobre todas las cosas, bendito por los siglos. Amén" (9:4-5).***

Los israelitas son un pueblo especial, un pueblo que fue adoptado por Dios, sacado de Egipto y llevado a Canaán después de 40 años de peregrinar por el desierto. No existe otro pueblo que hubiera experimentado la gloria de Dios en medio de ellos como el pueblo de Israel la tuvo. De día caminaban con una nube y de noche una columna de fuego les daba calor. La presencia de Dios estaba con ellos.

Recibieron el pacto de Dios y la promulgación de la ley, pero otra vez la pregunta: ¿Para qué era la Ley? Para cumplir los propósitos de Dios con los hombres. ¿Quién observó la santa ley por miles de años? Los israelitas. Ellos observaban el culto y las promesas de Dios. Abraham comenzó a recibir las promesas de Dios y éstas pasaron a las siguientes generaciones: Abraham, Isaac, Jacob, Elías, y otros. ¿De quién fueron los patriarcas? De Israel. Todos estos grandes hombres que están en la Biblia, que escribieron los libros que forman parte de la Biblia: Jeremías, Daniel, y muchos otros. Ellos fueron grandes hombres de Dios, de los cuales vino Jesucristo.

En aquellos días era una ventaja ser israelita. Es como hoy en día nacer y crecer en una familia cristiana. Es una ventaja grande. Eso no significa que uno tiene que servir a Dios a la fuerza, pero es una oportunidad muy grande de servir a Dios. Doy gracias a Dios que mis padres eran muy cristianos. Doy gracias especialmente por mi mamá y mi hermana porque ellas perseveraban en sus oraciones por mí, a pesar de mi rebelión contra Dios. Yo siento el gozo del Señor porque cuando era marinero, mi mamá oraba todos los días para que yo fuera salvo. Es una bendición muy grande nacer en una familia cristiana. Igualmente, para la audiencia del libro de Romanos, Pablo acepta que el haber nacido israelita, conllevaba muchos beneficios. Como quien dice, uno está ya avanzado en el camino de la salvación.

Pero Pablo tiene que responder a la pregunta que naturalmente surge al ver el rechazo por Israel de Jesús.

> ***"No que la palabra de Dios haya fallado; porque no todos los que descienden de Israel son israelitas" (9:6).***

Este verso es de suma importancia y debemos entenderlo o no sabremos lo que ha estado sucediendo en los últimos 2.000 años. Hay muchas doctrinas respecto al pueblo de Israel que dicen que tenemos que ver hacia este pueblo porque es el reloj de Dios, que todo lo que sucede en el mundo es porque Israel es el centro de todo. Yo no creo eso. No podemos negar que nuestro Señor era israelita. Además, que más puedo decir si yo estoy dando mi vida enseñando cartas escritas por israelitas como Pablo, Pedro y Juan. Este verso seis es el corazón de lo que vamos a estudiar en los últimos capítulos de Romanos (capítulos 9-11): "*...porque no todos los que descienden de Israel son israelitas*".

No podemos decir que todos los que descienden de Israel son israelitas. ¿Cómo puede decir semejante cosa Pablo? Usted dirá: "¡Hermano, cuidado!". Yo solamente estoy diciendo lo que la Biblia enseña. Porque nos podemos salir de la verdad. El verso nos dice "*no que la palabra de Dios haya fallado...* ". Algunos podrán decir que la venida de Jesús fue un fracaso porque a los que vino, no le recibieron.

¿Por qué Pablo está diciendo esto? ¿Quiénes fueron los que rechazaron a Cristo? ¿Quiénes lo crucificaron? Los israelitas. Pero ellos eran el pueblo escogido, el pueblo de Dios, ¿o no? ¡Espere! Pablo dice que tienen que pensar bien en esto, porque no todos los que descienden de Israel son israelitas. ¿Quién es Israel? Israel es Jacob y su descendencia. En Génesis dice que Dios le cambió el nombre de Jacob a Israel. Entonces todos los que descienden de Jacob no son israelitas; esto es lo que dice la Biblia, o ¿estoy inventando algo? Vea: *"Ni por ser descendientes de Abraham, son todos hijos; sino: En Isaac te será llamada descendencia"* (9:7).

¿Sabe cuántos hijos tuvo Abraham? Después de la muerte de Sara, él se casó con Cetura y tuvo otros hijos. (*"Abraham tomó otra mujer, cuyo nombre era Cetura, la cual le dio a luz a Zimram, Jocsán, Medán, Madián, Isbac y Súa…"* Génesis 25:1-2). La Biblia dice que ni por ser los descendientes de Abraham son todos hijos. Los israelitas llegaron y dijeron "somos hijos de Abraham"; y ¿qué dijo Cristo? "Son del diablo". Los israelitas eran descendientes de Abraham pero eran hijos del diablo, no eran hijos de Dios. La segunda parte del verso dice que *"en Isaac te será llamada descendencia"*. Esaú también tuvo descendencia y era descendiente de Abraham, pero Isaac era el único hijo de la promesa. En otras palabras, Isaac era el único al que le había sido dado las promesas del pacto de Dios con Abraham.

Lo mismo está diciendo Pablo en los siguientes versos: *"Esto es: no los que son hijos según la carne son los hijos de Dios, sino que los que son hijos según la promesa son contados como descendientes. Porque la palabra de la promesa es esta: Por este tiempo vendré, y Sara tendrá un hijo. Y no sólo esto, sino también cuando Rebeca concibió de uno, de Isaac nuestro padre"* (9:8-10). Entonces podemos ver que las promesas llegaron por medio del hijo de promesa, Isaac.

Pero, ¡espere! Isaac tuvo dos hijos gemelos, Esaú y Jacob, y la Biblia habla de ellos cuando todavía estaban en el vientre de su madre: *"Pues no habían aún nacido, ni habían hecho aún ni bien ni mal, para que el propósito de Dios conforme a la elección permaneciese, no por las obras sino por el que llama, se le dijo: El mayor servirá al menor. Como está escrito: A Jacob amé, mas a Esaú aborrecí"* (9:11-13). Dios amó a Jacob y aborreció a Esaú. ¿Qué es esto? Escuche bien lo siguiente: Dios salva a quienes Él quiere salvar, y Dios escoge a los que Él quiere escoger. Para Dios no importa la raza ni las obras. Dios no salva según nada de eso. Dios salva según su deseo y su previo conocimiento. Todo Israel no es Israel en lo espiritual. Todo el que desciende de Isaac no son israelitas, no son hijos de promesa y pacto.

Los dos en el vientre de su madre son descendientes de Abraham e Isaac, Dios seguramente escogerá a los dos, ¿verdad? Pues no.

> ***"¿Qué, pues, diremos? ¿Que hay injusticia en Dios? En ninguna manera. Pues a Moisés dice: Tendré misericordia del que yo tenga misericordia, y me compadeceré del que yo me compadezca" (9:14-15).***

Dios, siendo Dios, tiene todo el derecho de hacer lo que Él quiera. Tiene misericordia porque así lo desea, rechaza a aquel que decide rechazar. No lo podemos explicar, y mucho menos entender, pero sí podemos confiar en la verdad de este gran principio. Dios dice: "No me diga a quién debo mostrar misericordia porque yo voy a tener misericordia del que yo quiera".

Y una vez más, regresamos a la verdad de que nuestra salvación no es por algo que hubiésemos hecho, sino porque Dios así lo desea.

> ***"Así que no depende del que quiere, ni del que corre, sino de Dios que tiene misericordia" (9:16).***

Este verso nos está diciendo que no depende del que quiere ser salvo. Recuerde, que yo estoy diciendo lo que la Biblia dice. Corríjame por favor si estoy equivocado, pero esto está en la Biblia y sé que para la religión y doctrina de muchos suena un poco raro. La salvación tampoco se trata de hacer lo mejor que uno puede hacer para servirle, porque Dios va a salvar al que quiera.

Lo que usted haga, o a quién conozca no le impresiona a Él. Eso es lo que dice la Biblia. Si usted quiere ser salvo e ir al cielo quiero decirle que Dios no va a salvar a alguien porque quiere ir al cielo. Ni tampoco porque se está portando bien y haciendo todo lo mejor. Esto no le impresiona a Dios, porque Él va a salvar a la persona que Él quiera salvar. Este verso nos dice que no depende del que quiere, del que corre sino de Dios que tiene misericordia.

> ***"Porque la Escritura dice a Faraón: Para esto mismo te he levantado, para mostrar en ti mi poder, y para que mi nombre sea anunciado por toda la tierra. De manera que de quien quiere, tiene misericordia, y al que quiere endurecer, endurece" (9:17-18).***

Este verso se escucha más fuerte que el verso dieciséis porque nos dice que Dios es el que tiene misericordia de quien Él quiere y al que Él quiere le endurece el corazón. ¡Dios mío! ¿Qué pasa? No cabe muy bien esto en nuestra teología moderna, pero como le vengo diciendo: Está en la Biblia.

Pablo anticipa la reacción de los oyentes en los siguientes versos:

> ***"Pero me dirás: ¿Por qué, pues, inculpa? porque ¿quién ha resistido a su voluntad? Mas antes, oh hombre, ¿quién eres tú, para que alterques con Dios? Dirá el vaso de barro al que lo formó: ¿Por qué me has hecho así?" (9:19-20).***

Dios nos hizo y Él puede hacer con nosotros lo que Él quiera. Aquí menciona al alfarero, y un alfarero mientras está trabajando en el barro, está mirando para asegurar que la forma del barro quede bien y si no le gusta lo deshace. Lo aplasta para hacerlo como a él le gusta. Hermanos, estamos hablando de la Biblia, no de cualquier otro libro, estos versos fueron escritos por Pablo bajo la inspiración del Espíritu Santo.

Cantamos muchas canciones que dicen que Él es Dios, que somos su hechura, que haga con nosotros lo que quiera hacer, nos rendimos a Él, pero creo que no creemos realmente lo que cantamos. Cuando comienzan las dificultades, lo primero que hacemos es respingar y renegar de Dios. Decimos cosas como: "Si yo he sido buena persona, ¿por qué me pasa esto?" o "Si Dios es bueno, ¿por qué me permite sufrir así?" No creemos, verdaderamente, en la soberanía de Dios, ese lugar que le damos a Dios para hacer lo que Él quiera con nosotros. Pablo nos muestra que en cuanto a la soberanía, es todo o nada.

> ***"¿O no tiene potestad el alfarero sobre el barro, para hacer de la misma masa un vaso para honra y otro para deshonra?" (9:21).***

El alfarero hace las vasijas y las puede usar para lo que él quiera. Puede hacer unas para la basura, otras para poner flores y otras para agua. Nadie cuestiona el derecho del alfarero de hacer lo que mejor le parezca con su barro. Y sin embargo, nosotros cuestionamos a Dios a cada rato.

> ***"¿Y qué, si Dios, queriendo mostrar su ira y hacer notorio su poder, soportó con mucha paciencia los vasos de ira preparados para destrucción, y para hacer notorias las riquezas de su gloria, las mostró para con los vasos de misericordia que él preparó de antemano para gloria, a los cuales también ha llamado, esto es, a nosotros, no sólo de los judíos, sino también de los gentiles? Como también en Oseas dice: Llamaré pueblo mío al que no era mi pueblo, y a la no amada, amada" (9:22-25).***

Él está diciendo: "No me digas a mí quién es mi pueblo, yo te voy a decir quién es mi pueblo". Él hace todo para su gloria, no la nuestra. Es tan importante que esta verdad quede realmente plasmada en nuestro corazón.

> ***"Y en el lugar donde se les dijo: Vosotros no sois pueblo mío, allí serán llamados hijos del Dios viviente. También Isaías clama tocante a Israel: Si fuere el número de los hijos de Israel como la arena del mar, tan sólo el remanente será salvo" (9:26-27).***

Dios no salvó solamente al remanente de Abraham, sino a los que Él escogió. No le diga a Dios lo que Él debe hacer.

Es un peligro de nuestros días pensar que ya tenemos todo analizado, y sabemos exactamente cómo Dios hará todo, y cuándo y dónde. No se deje engañar por personas que le digan que conocen lo que Dios hará en el futuro porque Él hace y deshace conforme a su voluntad. Si alguien viene diciendo y convenciendo a las personas de ciertas cosas, cuidado que Dios venga y diga completamente lo opuesto. ¡Él lo hará si así lo desea! Es interesante el capítulo nueve, ¿verdad? La vida con Dios siempre es una aventura.

¿En qué termina todo esto entonces?

> ***"¿Qué, pues, diremos? Que los gentiles, que no iban tras la justicia, han alcanzado la justicia, es decir, la justicia que es por fe; más Israel, que iba tras una ley de justicia, no la alcanzó. ¿Por qué? Porque iban tras ella no por fe, sino como por obras de la ley, pues tropezaron en la piedra de tropiezo, como está escrito: He aquí pongo en Sion piedra de tropiezo y roca de caída; y el que creyere en él, no será avergonzado" (9:30-33).***

Dios es justo. La Biblia dice que es justo en medio de esto. En ninguna manera Dios es injusto, solamente que Él escoge a las personas que Él quiere escoger. Dios tomó una decisión en la eternidad pasada, cuando estaba planeando toda su creación, cuando estaba formando a Adán y a Eva, cuando Él sabía que iban a caer. Cuando Adán y Eva cayeron, Dios no dijo: "Oh no. ¿Qué le pasó a mi creación?". Dios ya sabía que iban a caer, por eso Cristo fue crucificado antes de la fundación del mundo (ver Ap. 13:8). Dios sabía que Adán y Eva iban a pecar, y Dios tenía un propósito mucho más grande. En medio de esta caída Él iba a trabajar con el hombre, tomar su voluntad, traer la redención y elevarnos, no a donde estaba Adán y Eva pero para elevarnos al estado de ser hijos de Dios, a la imagen de Cristo. Eva, su esposa cayó en pecado, y Adán le echó la culpa a ella. Pero cuando Cristo encontró a su futura esposa, caída en el pecado, con culpa, fue a la cruz para morir por ella, llevando toda su culpa. Adán era un hombre, no era Dios. Era un ser viviente, pero no era un espíritu. La Biblia habla de Adán como un ser viviente y cuando habla de Cristo habla de un espíritu que da vida, Dios manifestado en carne.

Adán y Eva fueron seres vivientes pero Cristo es Dios manifestado en carne, un espíritu que da vida. Cuando Cristo llegó, cumplió todos los propósitos eternos de Dios que era proveerse de una familia en Cristo. Él fue a la cruz para morir por su esposa, por toda la humanidad. En este acto está incluida toda la raza humana. Es igual con nosotros. Cuando queremos una esposa no la vamos a forzar a que se case con nosotros o ¿usted quiere que lo obliguen a casarse con alguien? En tiempos pasados, sucedía que se robaban a las señoritas. Había una señora trabajando con nosotros y nos contó que vivía en un rancho y el que ahora era su esposo la agarró, la subió a un caballo y se la llevó. Pero Cristo no quiere este tipo de cosas, sino que Él quiere ganar nuestro amor y así lo hizo en Cristo.

La pregunta es: ¿Qué es lo que causa que Dios escoja a alguien? Desde el principio Dios tomó una decisión: "Yo voy a escoger ciertas personas". ¿Qué es lo que Dios está buscando? Dios está buscando a los que creen en Jesucristo, los que muestran fe en la Palabra de Dios, que crean que Cristo murió por nosotros. Dios comenzó a examinar a los que antes conoció, los escogió y llamó. Él vio nuestra vida desde el principio. Me puedo imaginar que quizá pasó mil años solamente pensando en nosotros. Él tenía mucho tiempo para hacerlo. Toda la eternidad. ¿Cuándo comenzó la eternidad? Usted puede correr hacia atrás y hacia delante y nunca va a llegar al final del tiempo. También la Biblia dice que Él endurece los corazones. ¿Cómo? De la misma manera que Él puede hacer que los corazones sean blandos hacia el evangelio. ¿Cómo endureció el corazón de Faraón? Ofreciendo misericordia y ofreciendo misericordia, vez tras vez. Cada vez que caía una plaga, Faraón llamaba a Moisés y le decía que quitara la plaga y que iba a dejar salir al pueblo de Israel. Moisés mostraba misericordia y quitaba la plaga, pero así pasó una y otra vez. Cada vez que el Faraón recibía la misericordia, se endurecía más su corazón. ¿Dónde están las personas con los corazones más duros? En la iglesia. Usted puede ir a las cantinas y muchos de los que están ahí son personas que conocieron el evangelio en su vida. Tal vez lo tuvieron en su niñez o algunos pertenecen a una familia que enseñaba la Palabra de Dios, pero no la recibieron y su corazón se endureció.

Dios escoge a alguien y quiere escoger a otro, pero ¿cuántos pueden responder al evangelio? Cualquiera. La Biblia dice en Mateo 11:28: *"Venid a mí todos los que estáis trabajados y cargados, y yo os haré descansar"*.

El llamamiento es para todos. Dios quiere salvar a todos. No es su voluntad que alguien llegue a la perdición, pero su voluntad es que todos lleguen a la salvación (2 Pedro 3:9). El punto es que el mismo mensaje que salva a unos, también endurece el corazón a otros. El mismo mensaje. Todos los que creen en el mensaje de salvación, son los escogidos de Dios. No significa que al escogernos ya tenemos que creer, sino al contrario, al creer somos escogidos. Pasamos a ser los que Él antes conoció y escogió.

En el caso de Jacob y Esaú, Dios rechazó a Esaú, porque Dios vio que él iba a rechazar la bendición de Dios; Esaú comparó la bendición de Dios con un plato de lentejas.

Podríamos decir que el pensamiento de Esaú fue: "Vale más mi plato de comida que la bendición de Dios". Por eso Dios rechazó a Esaú. Por otra parte, aunque Jacob estaba hablando mentiras y engañando pero porque deseaba tanto la bendición de Dios Jacob estaba diciendo: "Ojalá que yo hubiera sido el primogénito", porque siempre escuchaba a su madre contar las historias de Abraham y de su padre Isaac, y cómo pasó la bendición de Dios en sus vidas. Jacob era un pecador de pecadores pero tenía fe en Dios. ¿No ha notado que Dios no nos salvó porque éramos buenos o porque éramos mejores que los demás? ¡No! A veces somos los peores. Dios escoge a los viles, a los "ceros", y ¿sabe por qué? La respuesta está en 1 Corintios 1:27-29: "*...sino que lo necio del mundo escogió Dios, para avergonzar a los sabios; y lo débil del mundo escogió Dios, para avergonzar a lo fuerte; y lo vil del mundo y lo menospreciado escogió Dios, y lo que no es, para deshacer lo que es, a fin de que nadie se jacte en su presencia*".

Dios quiere que toda la gloria y la honra sean de Él. Entonces, ¿por qué Dios escoge a alguien? Porque Él ve que ese "alguien" tiene fe y cree en Cristo. Caín quiso traer su propio sacrificio y no quiso creer lo que Dios le dijo y prefirió hacerlo como él quería en vez de como Dios había dicho. Yo quiero decirle que si usted peca, no haga nada más que doblar su rodilla y orar con todo su corazón: "Señor perdóname, límpiame con tu sangre". La sangre es lo único que quita el pecado. Ningún otro sacrificio lo puede hacer. No sé de ustedes, pero yo estoy confiando solamente en la sangre de Cristo para limpiar mi vida.

Hace tiempo relaté la historia de un famoso predicador

que tuvo un sueño. En este sueño murió y estaba en la puerta del cielo. Así cuenta la historia lo que pasó:

Ángel: ¿Qué derecho tienes tú para entrar a este cielo tan santo?

Predicador: (pensó)...Bueno yo he predicado a miles de personas y he visto a personas llegar a Cristo (El predicador pensaba dentro de sí...¿Por qué este Ángel me está diciendo eso, si yo he sido cristiano por muchos años, he sido fiel y he hecho muchas otras cosas?). De repente el predicador oyó la voz del Señor dentro de él, que le decía di solamente una cosa: Por la sangre de Cristo.

Luego el predicador dijo: Tengo derecho de entrar aquí porque la sangre de Cristo me ha limpiado.

Ángel: ¡Aleluya! Pasa al cielo.

La entrada al cielo es por la sangre de Cristo. Por medio de su sangre entramos al lugar santísimo. Por ninguna otra cosa. No hay excusa para el pecado, no piense en seguir pecando. Ya no, porque ya estamos muertos al pecado y los muertos no pecan. Ya fuimos crucificados. Ya no vivimos, sino Cristo es el que vive en nosotros. Vamos a andar en la santidad y si fallamos y pecamos, tenemos un abogado que es Cristo y Él nos limpia con su sangre preciosa.

> ***"Y qué, si Dios, queriendo mostrar su ira y hacer notorio su poder, soportó con mucha paciencia los vasos de ira preparados para destrucción" (9:22).***

Dios quiso mostrar su ira para despertarnos, y que nos diéramos cuenta de que Él es un Dios que puede enojarse. Creemos que es un Dios pacífico y tan bueno, y sí lo es. Pero Dios también se enoja y cuando Él se enoja, se enoja. Una vez

Dios se enojó tanto con Israel que le dijo a Moisés: "Quítate a un lado porque quiero destruir todo este pueblo". ¿A cuál pueblo? Su pueblo escogido, los israelitas. Dios es un Dios de amor y compasión, pero cuando insistimos en el pecado y la rebeldía, Dios puede enojarse.

Dios quiere que sepamos que hay límites. No quiero hablar demasiado de esto para no desanimar a nadie, pero si no lo sabemos esto puede ser un peligro muy grande. Si no sabemos que Dios puede enojarse, tal vez andemos: "Ah, Dios perdóname...Dios perdóname...Dios perdóname", y sigamos cometiendo el mismo pecado vez tras vez, hasta que Dios no quiere seguir perdonándonos. No vamos a confundirnos. Si pedimos perdón, Dios nos perdona. A lo que me refiero es que hay personas que no quieren en realidad arrepentirse. El arrepentimiento siempre conlleva un cambio de actitud y acción. Es un cambio de 180 grados y en vez de seguir caminando en la misma dirección, ahora está caminando en la dirección opuesta.

Yo solamente quiero despertarles a lo que dice Salmos 2:11-12: *"Servid a Jehová con temor, y alegraos con temblor. Honrad al Hijo, para que no se enoje, y perezcáis en el camino"*. Tenemos que entender que Dios es muy, muy, muy misericordioso pero Él quiere que sepamos que también puede enojarse y que hay un límite de su paciencia.

Yo tuve una experiencia muy preciosa hace algunos años. En mi iglesia, había un hombre muy amable. Su esposa y sus hijos servían al Señor pero él nunca se había entregado al Señor. Yo no entendía por qué asistía a los cultos si no entregaba su vida al Señor. Después, me di cuenta que este hombre tenía un impedimento espiritual. Él estaba enojado con su hermano carnal porque tenía un negocio, y las cosas habían salido mal. Por muchos años estuvo enojado con su hermano y yo no creo que haya llegado a un tiempo de arrepentimiento para conocer a Cristo, a raíz de este enojo continuo.

Recuerdo lo que dice la Biblia en Marcos 11:26: "*...porque si vosotros no perdonáis, tampoco vuestro Padre que está en los cielos os perdonará vuestras ofensas*". Muchas veces no creemos esta palabra. Yo he sido culpable de guardar algo en contra de un hermano durante un mes, dos meses, un año, dos años. Dios es muy misericordioso y nos espera, pero no lo debemos tentar ni desobedecer. Si no perdona al que le haya ofendido, no será capaz de recibir tampoco el perdón que Dios le está ofreciendo.

La Biblia dice en Lucas 6:46: "*¿Por qué me llamáis, Señor, Señor, y no hacéis lo que yo digo?*" Algunos dicen que esto es "muy religioso" pero si no tenemos cuidado podemos destruir al cristianismo también. Yo me estoy hablando a mí mismo. Estos estudios son para mí también. Cada vez que doy una predicación en la iglesia es para mí mismo. Doy las exhortaciones para mí mismo porque yo quiero primeramente practicar lo que estoy enseñando con la esperanza de que ustedes también lo hagan. Esto no es "religioso". Estoy usando la palabra religioso, por no usar otra palabra que es más dura: "hipócrita". El hipócrita es alguien que habla una cosa y practica otra.

Vamos a despertarnos a la verdad de que Dios tiene dos lados. Vamos a ver esto con detalle más adelante. El punto es donde la Biblia dice "*queriendo mostrar su ira*" es para que nosotros sepamos cómo es Dios. Él es misericordioso, lleno de amor, no con el deseo de que lleguemos a la perdición, sino que lleguemos al arrepentimiento, para ser salvos. Dios quiso salvar a todo el mundo, a tal grado que se envolvió en un cuerpo humano y se ofreció como un sacrificio para nosotros, por amor, tratando de ganarnos. ¿Cómo gana el joven a la señorita? ¿Regañándola? ¿Golpeándola? ¡No! La gana amándola, buscando su bien. Así es Cristo también con nosotros.

Podemos andar de rebeldes con Dios o ser desobedientes y Él va a ser paciente aunque en ocasiones traerá la disciplina para efectuar los cambios necesarios en nosotros. Hay personas que cuando están pasando por disciplina, piensan que es una prueba y todo el tiempo están diciendo: "Satanás te reprendo, te resisto". Pero en realidad es Dios el que está actuando en nosotros. Seamos sensibles a las circunstancias que vengan a nuestra vida. No llame prueba lo que posiblemente sea una herramienta que Dios está utilizando para romper algo de sobre nuestro carácter para después colocar el suyo. Busque discernir los tiempos y la mano de Dios en su vida.

En la Biblia hay una historia de un señor que perdonó a uno de sus obreros que tenía una deuda con él. La deuda era de cientos de miles de dólares, y este obrero clamó para que no lo llevaran a la cárcel, clamó misericordia y el señor lo perdonó. Al salir de ahí, el que había sido perdonado encontró a uno de sus consiervos. El consiervo le debía al que había sido perdonado como cien dólares y el perdonado empezó a decirle al consiervo que le pagara o que lo iba a llevar a la cárcel. Cuando los siervos del señor que perdonó, vieron lo que este hombre estaba haciendo, le avisaron a su jefe; el señor llegó y le echaron a los atormentadores hasta que pudiera pagar todo lo que debía.

Este es un cuadro de lo que sucede con nosotros cuando no perdonemos a los demás. Dios quiere que nosotros sepamos de su ira. Dios va a aguantar muchas cosas con paciencia y tal vez va a mandar a los atormentadores para despertarnos, aunque muchas veces nosotros pensamos que es el diablo cuando en realidad es Dios.

La Biblia dice en Santiago 1:5: "*Y si alguno de vosotros tiene falta de sabiduría, pídala a Dios, el cual da a todos abundantemente y sin reproche, y le será dada*". En los momentos difíciles, debemos pedir sabiduría para saber qué es lo que está pasando: si es disciplina, si son ataques del enemigo o si son pruebas, y cuando empezamos a saber qué es lo que está pasando, podremos saber qué es lo que debemos hacer. Si usted quiere arrepentirse y no sabe qué es lo que pasa, lo más probable es que usted no ha perdonado a alguien. No le servirá de nada ponerse en ayuno y oración para ver si es la voluntad de Dios para que perdone, porque sabemos que todos debemos perdonar.

Hay algo que quiero enfatizar en este capítulo. Les quiero hacer la pregunta: ¿Por qué cayó Israel en la prueba y el problema? Aquí tenemos la respuesta:

> ***"¿Qué, pues, diremos? Que los gentiles, que no iban tras la justicia, han alcanzado la justicia, es decir, la justicia que es por fe; mas Israel, que iba tras una ley de justicia, no la alcanzó. ¿Por qué? Porque iban tras ella no por fe, sino como por obras de la ley, pues tropezaron en la piedra de tropiezo" (9:30-32).***

Israel estaba estableciendo su propia justicia. Esto está en todos lados aún hoy en día y tenemos que guardarnos cada día para no establecer nuestra propia justicia. Debemos entender que nosotros no estamos caminando bien. El único que camina perfecto es Cristo en nosotros, porque la Biblia dice: "*No hay quien haga lo bueno, no hay ni siquiera uno*"

(3:12). Todos tenemos una naturaleza pecaminosa. Por eso Dios tenía que ponernos en la cruz juntamente con Cristo. Cristo tuvo que morir por nuestros pecados.

Ya vimos en los capítulos uno, dos y tres (Volumen I) que nuestra propia justicia es como un trapo sucio y que no hay ninguna persona que sea buena por sí misma. También vimos que la Ley trajo condenación. La Ley es la que nos da el conocimiento del pecado y pone a todo el mundo bajo el juicio de Dios, porque no hay ni una sola persona que sea buena y que obedezca la Ley por completo. La Biblia habla de la justicia por la fe. Abraham creyó y le fue contado por justicia. David escribió en el Salmo 32:2: *"Bienaventurado el hombre a quien Jehová no culpa de iniquidad…"*. Israel quiso tener su propia justicia y por eso no la recibe.

Dios está trabajando en nuestra vida. Ya vimos en el capítulo ocho que somos predestinados, que estamos siendo cambiados espiritualmente por Dios y que Él no va a terminar de cambiarnos hasta que esté terminada la obra de llevarnos a la imagen de Cristo. Dios no abandona la esperanza en usted porque Él es el que está haciendo la obra. Aunque tengamos la cabeza dura, Dios puede trabajar en nuestra vida. Dios sabe cómo tratar con las cabezas duras. Vamos a recibir la justicia de Dios. Al recibir esta justicia tenemos una entrada a la presencia de Dios por medio de la sangre de Cristo y después Él comienza a derramar en nuestro corazón su justicia, que es el amor. Dios es amor y comienza a sembrar en nuestra vida su amor. En lugar de tratar de ser un santito, permítale a Dios que Él le declare santo. Escuche la voz de Dios decir: ¡Santo eres! ¿Quién dijo eso? Dios. Reciba por fe, toda la obra del Espíritu Santo en su hombre interior.

CAPÍTULO 10 DE ROMANOS

PABLO HABLA DEL mismo tema en el capítulo 10:

> ***"Hermanos, ciertamente el anhelo de mi corazón, y mi oración a Dios por Israel, es para salvación" (10:1).***

Pablo nos muestra su corazón por sus hermanos judíos. Su anhelo y deseo de ver a su familia ser salva. Creo que podemos identificarnos con este deseo, ¿verdad? Muchos tenemos familiares por los que seguimos orando para que llegue la salvación a sus vidas.

> ***"Porque yo les doy testimonio de que tienen celo de Dios, pero no conforme a ciencia" (10:2).***

Tiene conocimiento de que ellos tienen celo, pero lo utilizan para lastimar y perseguir en lugar de unir y amar. Pablo era muy celoso para Dios. Buscaba perseguir, encarcelar y hasta matar a los cristianos pensando que le estaba haciendo un favor a Dios. Él tenía el celo de Dios pero no tenía conocimiento.

> ***"Porque ignorando la justicia de Dios, y procurando establecer la suya propia, no se han sujetado a la justicia de Dios" (10:3).***

Para sujetarnos a la justicia de Dios, primeramente tenemos que reconocer que Cristo tuvo que morir por nosotros, porque nacimos con esa naturaleza pecaminosa. Este es el primer paso para ser salvo: reconocer que Cristo murió por nosotros.

Yo estaba hablando con un hermano de la iglesia conocedor del tema, y me dijo que en tiempos pasados la evolución era algo muy fuerte porque estaban usando esta teoría para dejar a un lado a Dios. Pero ahora la ciencia está probando la complicación que hay especialmente en las cosas de la creación. Están comprobando que el cuerpo del hombre es muy complejo y están aceptando que sí hay un Dios. Pero no aceptan a Cristo, o que Dios llegó en forma de hombre y tampoco aceptan que existe un anticristo que es el que causa la perdición de la gente. Incluso muchas personas son fieles a sus esposas o sus esposos, pagan sus diezmos, sus deudas, pero no quieren confesar a Cristo. Tal vez están confesando ser fieles a sus esposas pero están deseando a otras mujeres y Cristo dijo que es lo mismo que el adulterio. Quizá nosotros no vemos el mismo resultado pero para Dios es lo mismo. Delante de Dios es pecado.

Regresando al verso tres, ¿para qué se encuentra esto en la Biblia? Como una advertencia para no hacer lo mismo. Yo pasé casi un año diciendo que "somos ceros" y pensé: "¿Estoy menospreciando a la gente diciendo esto?" Creo que la respuesta es: ¡No! Porque sí somos ceros. Sin Cristo no hay bueno ni siquiera uno, pero en Cristo tenemos la justicia de Cristo, como si nunca hubiéramos pecado. Puedo orar y Dios va a escucharme. Puedo entrar en la presencia de Dios porque soy como si nunca hubiera pecado. ¿Es la obra de la sangre preciosa de Jesucristo para regresar a nuestra propia justicia? Podemos decir que somos buenas personas, que honramos a nuestros padres. Pero sé que esto no es verdad porque nuestros padres esperan una llamada de nosotros o una visita y no lo hacemos. Qué lástima que no tomamos el tiempo, los recursos necesarios para cumplir este mandamiento tan importante. No sé por qué Dios me permitió tener la experiencia de la cual les voy a contar, tal vez para avisar a todos ustedes que no hagan lo mismo. Mis padres, cuando cumplieron 50 años de matrimonio tuvieron una celebración que le organizaron mis hermanas. Cincuenta años de matrimonio, y yo no fui porque yo estaba "tan ocupado" en la obra de Dios que no pude ir. Pero, en realidad la obra de Dios es obedecer lo que Él dice: *"Honra a tu padre y a tu madre para que te vaya bien"*. Yo perdí la oportunidad de honrar a mis padres en su boda de oro, y todavía lo lamento. Por esto, puedo ver que la obediencia es mejor que el sacrificio. La obediencia siempre producirá bendición. ¿Para qué es la Ley? Para traernos a Cristo.

> ***"Porque el fin de la ley es Cristo, para justicia a todo aquel que cree" (10:4).***

Su amor fue tan grande, que lo llevó a la cruz y ahora también se derrama su amor en los que creen. El amor es el cumplimiento de la ley y de lo que dicen los profetas. Si ya amamos a nuestro hermano. ¿Qué más necesitamos hacer? Amar a nuestro vecino, a nuestro propio hermano. ¿Qué más? Amar más y más y si usted quiere hacer cosas grandes entonces ame a su prójimo. Este amor va a causar que hagamos sacrificios, crucemos mares y hagamos miles de cosas por otras personas. Va a causar que hagamos cosas que no haríamos si estuviéramos bajo la ley, porque el amor nos empuja a hacer cosas grandes. El amor va a causar que tratemos bien a nuestra esposa, a pedir perdón cuando alguien está ofendido con nosotros, no vamos a pensar que es problema de ellos porque esto no es el amor. El amor es querer que nadie esté ofendido con nosotros.

El año pasado yo estaba predicando de esto y tuve dos oportunidades de practicar lo que estaba predicando. Descubrí que había dos personas enojadas conmigo. Yo fui y pedí perdón. En un caso en particular, tuve que pedir perdón dos, tres, cuatro o cinco veces hasta que me perdonaron. La Biblia dice que debemos ir y ser reconciliados y hay ocasiones cuando es necesario pedir perdón dos, tres, cuatro, cinco veces para alcanzar la reconciliación. Estaba determinado a conseguir una reconciliación en nuestra relación, y no me importó las veces que tuve que pedir perdón. Y esta es la actitud de Cristo al buscar la reconciliación con nosotros: Dispuesto a hacer lo que fuera necesario para lograr su meta.

Cristo es el fin de la ley. Él murió por nosotros y está sembrando su vida en nosotros. Somos salvos por su vida.

> ***"Porque de la justicia que es por la ley Moisés escribe así: El hombre que haga estas cosas, vivirá por ellas" (10:5).***

¿Por qué escribe tanto esto? Porque hay muchos cristianos luchando, y no quieren recibir la justicia de Dios, quieren vivir en su propia justicia.

> ***"Pero la justicia que es por la fe dice así: No digas en tu corazón: ¿Quién subirá al cielo? (esto es con la intención debajo de bajar a Cristo); o, ¿quién descenderá al abismo? (esto es para levantar a Cristo de entre los muertos). Más ¿qué dice? Cerca de ti está la palabra, en tu boca y en tu corazón. Esta es la palabra de fe que predicamos: que si confesares con tu boca que Jesús es el Señor, y creyeres en tu corazón que Dios le levantó de los muertos, serás salvo" (10:6-9).***

¿El Señor de quién? De nosotros. Cuando vamos a una boda, los que se casan dicen: "Acepto a este hombre como mi esposo; acepto a esta mujer para mi esposa". En el caso de los cristianos, para ser salvos tenemos que recibir o aceptar a Cristo como nuestro Señor. Una confesión de la profundidad de nuestro ser. No es solamente hablar sino creer esas palabras con todo nuestro corazón y confesar con nuestra boca que Jesús es el Señor. ¿El Señor de quién? De nosotros. Ese es el paso para ser salvo, y creer en nuestro corazón que Dios lo levantó de los muertos. No podemos servir a un Cristo muerto. Hay muchas iglesias, y no estoy menospreciando a nadie, que tienen a Cristo en un ataúd, con todas las heridas y muerto. Yo estoy aquí para decirle que Cristo no está en un ataúd, ni en una tumba. Él resucitó y está sentado en el trono de Dios. Él está a la diestra de Dios. Hay un dicho entre los judíos que dice más o menos así: La derecha de Dios es el lugar de poder y autoridad. Cristo está en el lugar sobre el trono de Dios, en el lugar de poder y autoridad. Él mismo dijo a sus discípulos que todo poder en el cielo y en la tierra le es dado. Él tiene todo. Él está sentado sobre el trono de

Dios. Cuando lleguemos al cielo vamos a ver a Cristo, y yo creo que no vamos a pedir ver a otra persona porque Él es la imagen misma de Dios invisible, Él es Dios manifestado en carne. Él es nuestro Dios. Hay un solo Dios que es nuestro Padre Celestial que se manifestó en la carne.

No estamos predicando a un Cristo muerto, porque así no hubiera resucitado. ¿Y qué señal nos da? La señal es su resurrección. Si todavía está en el sepulcro entonces no vive y nos dice que Dios no aceptó su ofrenda por nosotros. En el Antiguo Testamento cuando el sacerdote entraba cada año en el Lugar Santísimo para poner la sangre en el propiciatorio, se ataba una soga alrededor de su pierna para que en caso de que no fuera recibido el sacrificio que el sacerdote ofrecía, caía la ira de Dios. El sacerdote moría y tenían que estirar la soga para sacarlo. Pero Cristo presentó su sangre y después resucitó. Esta es la señal de que nuestros pecados ya son perdonados.

"Porque con el corazón se cree para justicia, pero con la boca se confiesa para salvación" (10:10).

Tenemos que confesar. La fe trabaja de esa manera. Tenemos que creer en nuestro corazón y confesar con la boca. Hay muchas enseñanzas sobre confesar con la boca pero no hablan de creer en el corazón. El verso diecisiete dice que la fe viene por el oír, y el oír por la Palabra de Dios, así que tenemos que oír para poder creer en nuestro corazón. Después la fe trabaja por la confesión pero si nunca confesamos las cosas, nunca vamos a tener nada. Al confesar tenemos que creer en nuestro corazón sin tener ninguna duda. Cristo dijo: Puede decir a este monte quítate y échate en el mar, sin dudar en nuestro corazón y lo que digamos será hecho. Sí podemos confesamos que Dios está trabajando en nuestra vida y que el que comenzó la buena obra en nosotros la va a perfeccionar. Podemos confesar que todas las cosas nos ayudan a bien, según el llamamiento de Dios para predestinarnos a ser la imagen de Cristo. Podemos confesar que por sus llagas fuimos sanados. No es malo confesar algo que está en la Biblia pero tenemos que creerlo también. Pero si pensamos que esas promesas no son para nosotros en particular, entonces no lo serán. No van a suceder hasta que lo podamos creer y confesar. Muchos creen pero no confiesan y otros confiesan pero no creen. Tenemos que tener las dos cosas.

> ***Pues la Escritura dice: Todo aquel que en él creyere, no será avergonzado. Porque no hay diferencia entre judío y griego, pues el mismo que es Señor de todos, es rico para con todos los que le invocan porque todo aquel que invocare el nombre del Señor, será salvo" (10:10-13).***

Uno puede decir: "Yo pensé que Dios estaba escogiendo a los que iban a ser salvos". Sí, Dios está escogiendo a todos lo que están invocando su nombre y creyendo en Jesucristo. Pero Dios nos escogió mucho antes según su previo conocimiento. Hoy en día los hombres estudian y pueden saber mucho. Hay mucha información de todas las áreas y pueden decir si va a llover aunque no haya nubes, porque saben si se aproxima algún sistema meteorológico. Y según la velocidad del viento y la humedad, pueden saber si va a hacer viento o si va a llover. Cuando llueve, si usted dejó algo afuera de su casa, se mojó y se destruyó. ¿Usted saca su escopeta para matar al señor que está dando el pronóstico del tiempo por la radio, porque dijo que iba a llover? Claro que no. En algunas partes se dan los tornados y vientos muy fuertes que destruyen propiedad y matan a las personas. Hoy en día podemos saber a qué hora van a llegar los tornados y a cuál área van a llegar, pero no significa que las personas que avisan sobre estos tornados son los responsables ni son los que mandaron los tornados. Se entiende que sólo es un pronóstico, no es algo seguro.

Dios sabe las cosas que Él no causa. Él conoce y sabe de antemano a los que van a creer en Jesucristo y Dios los escogió. No es forzar a nadie. No significa que por el hecho de que Dios nos escogió de antemano nosotros no tenemos libertad. Al contrario, sí tenemos libertad. Lo que nosotros hacemos ahora puede determinar lo que Dios hizo hace miles de años atrás. Piense un poco, lo que hacemos ahora determinó lo que Él hizo en el pasado, porque Él sabía que íbamos a creer. Dios tomó su decisión según lo que Él sabía que íbamos a hacer por medio de su previo conocimiento.

Hay otra palabra que debemos recalcar, es "predestinación". Una vez que estamos en Cristo es como si abordáramos un tren. Este tren va por una vía y esta vía va a llegar a un lugar. Si la vía del tren se dirige a cierto lugar, lo más seguro es que el tren también se dirigirá al mismo lugar. Entonces, si nos subimos al tren de Cristo el lugar al que vamos a llegar es a la imagen de Cristo. Nuestra vida va a ser perfeccionada y vamos a madurar en la justicia de Dios. Vamos a llegar a la imagen de Cristo.

Esta es la obra que Dios está haciendo. No estamos mejorándonos cada día sino que estamos muriendo más y más cada día para que Cristo viva en nosotros. La esperanza de gloria es Cristo, no nosotros. Cristo está produciendo la justicia, derramando su amor y causando que andemos en la justicia. No somos nosotros sino Dios. Él es el Salvador que nos limpia de nuestros pecados, nos salva de la desobediencia, y nos guarda de no amar a nuestro prójimo.

Ya vamos a entrar en un tema que es de la suma importancia y eso es que la responsabilidad está sobre nosotros, lo podemos ver en el siguiente verso:

> ***"...porque todo aquel que invocare el nombre del Señor, será salvo" (10:13).***

El griego, el judío, el latinoamericano, el "gringo", la mujer, el hombre, el niño, el anciano, el indígena, el africano, quien sea, tienen que invocar el nombre de Jesús. En África, donde hemos ayudado a misioneros por varios años, se veían con la necesidad de ampliar la iglesia que ya tenían porque ya no cabía la gente. Esto es bueno. Mientras estamos aquí en la tierra vamos a ayudar a la gente para que se entregue al Señor. Vamos a ayudar a personas de cualquier parte del mundo. Así como los hermanos misioneros quienes están ganando a los musulmanes, y otros hermanos que están en Turquía trabajando para el Señor, hay que apoyarlos. Entre ellos hay una mujer soltera pero muy poderosa, fuerte y espiritual. Qué bonito esto, Cristo dijo: "Id a todo el mundo." Este es el reto para todos—llevar el nombre de Cristo a todo el mundo para que puedan invocarlo para su salvación. No es nuestro trabajo juzgar quien creerá y quien no, nuestro trabajo y tarea es predicarle a todo el mundo.

"¿Cómo, pues, invocarán a aquel en el cual no han creído? ¿Y cómo creerán en aquel de quien no han oído? ¿Y cómo oirán sin haber quién les predique? ¿Y cómo predicarán si no fueren enviados? Como está escrito: ¡Cuán hermosos son los pies de los que anuncian la paz, de los que anuncian buenas nuevas!" (10:14-15).

Hace algunos años yo estaba visitando en el hospital a un ministro entre nosotros. Él padecía de un problema grave de la diabetes. Se le había infectado un pie y los doctores le habían amputado el dedo grande. Él durante muchos años había andado a pie en muchas partes del estado de Durango y Zacatecas, y en toda la sierra predicando el evangelio, usando solamente unos huaraches o chanclas en sus pies. ¿Nunca ha visto los pies de alguien que anda con huaraches? Se les maltrata demasiado, pero cuando yo vi el pie del hermano, recordé este verso de la Biblia. Tomé su pie entre mis manos y dije: "Este pie es hermoso delante de la presencia de Dios". Después oré y dije: "Señor, este hermano ha llevado el evangelio por todos lados y estos pies están pidiendo sanidad". Dios lo sanó. Dios hace cosas sorprendentes para nosotros. Dios lo sanó, aunque tiempo después este hermano murió, no fue por infección en su pie.

Los que estudiamos en la escuela bíblica, ¿qué pensamos hacer con estos estudios? Algunos dirían: "Yo solamente quiero terminar y luego quedarme aquí hasta que venga el Señor". ¡Espero que ése no sea usted, porque hemos recibido una tarea de parte de nuestro Maestro! Debemos ir por todo el mundo, predicando las buenas nuevas y haciendo discípulos. Cristo les dijo a sus discípulos cómo hacerlo.

Vamos a leer Hechos 1:8: "*...pero recibiréis poder, cuando haya venido sobre vosotros el Espíritu Santo, y me seréis testigos en Jerusalén, en toda Judea, en Samaria, y hasta lo último de la tierra*". Vamos a ser testigos en __________ (su ciudad), en _________ (su país), y hasta lo último de la tierra. Yo no estoy tratando de mandar a alguien a otro lugar, pero Dios sí. Tal vez algunos deben quedarse, pero otros deben ir a otras partes del mundo. No lo sabemos. Tal vez sólo vamos a ir a otro trabajo para ayudar a alguien en la obra del Señor.

Cuando yo estaba estudiando esto, caí bajo convicción. Debo testificar a más personas. A mí no me gusta tanto repartir los folletos, pero yo preparé un folleto para todos mis amigos. Cada día encuentro a personas con las que nunca he hablado. Hago amistades y les doy uno de los folletos que he preparado. En la Soriana (un centro comercial en Durango) donde venden café, conozco a todos los hombres y a las muchachas que trabajan ahí, les doy mis folletos que hablan de Cristo. Sin embargo, no les he hablado de la iglesia y tampoco les he hablado de Cristo. Cristo dijo: "Sígueme y os haré pescadores de hombres." Hay veces cuando sentimos que no podemos hablarles a las personas de Cristo, pero Dios ya trató con esto. En el libro de Pedro la Biblia dice que "*todas las cosas que pertenecen a la vida y la piedad nos han sido dadas*" (2 Pedro 1:3). Vamos a acercarnos al Señor y Él nos va a decir hasta con quien debemos platicar de la Palabra de Dios.

¿Cuál fue la razón principal por la cual los judíos rechazaron a Jesucristo? La razón fue que ellos hicieron su propia justicia, o sea no creían que necesitaban la obra de salvación de Dios. Nuestra propia justicia viene solamente por la ley, pero la ley no va a justificarnos sino que va a condenarnos y dejarnos sin esperanza. Cristo vino y dijo: "Voy a morir por ustedes", pero en lugar de que los judíos lo recibieran dijeron: "¡No! Nosotros estamos bien". Pero no estaban bien. Ellos no estaban guardando la ley. Ellos estaban mintiendo.

Vamos a ver lo que dice el capítulo 10:

> ***"Mas no todos obedecieron al evangelio; pues Isaías dice: Señor, ¿quién ha creído a nuestro anuncio? Así que la fe es por el oír, y el oír, por la palabra de Dios. Pero digo: ¿No han oído? Antes bien, por toda la tierra ha salido la voz de ellos, y hasta los fines de la tierra sus palabras. También digo: ¿No ha conocido esto Israel? Primeramente Moisés dice: Yo os provocaré a celos con un pueblo que no es pueblo; con pueblo insensato os provocaré a ira. E Isaías dice resueltamente: Fui hallado de los que no me buscaban; me manifesté a los que no preguntaban por mí. Pero acerca de Israel dice: Todo el día extendí mis manos a un pueblo rebelde y contradictor" (10:16-21).***

El corazón de Dios es que ninguno perezca y ha hecho todo de su parte para lograr nuestra salvación. Sentimos la tristeza de un Creador que busca a su creación y sigue rebelde y sin arrepentimiento. Pero nosotros no le causaremos más tristeza. Nosotros haremos todo por cumplir nuestra parte de lo que Dios comenzó: predicaremos este evangelio en todo el mundo.

CAPÍTULO 11
DE ROMANOS

En el capítulo 11, Pablo está tratando de decirnos que no debemos ni sentirnos orgullosos ni jactarnos al compararnos con Israel. Ellos cayeron por incredulidad y nosotros también podemos caer por incredulidad. Pero aun así, no nos atrevemos a decir que Dios ha desechado a su pueblo.

> ***"Digo, pues: ¿Ha desechado Dios a su pueblo? En ninguna manera. Porque también yo soy israelita, de la descendencia de Abraham, de la tribu de Benjamín" (11:1).***

Si Dios hubiera rechazado a todo Israel, tuviera que comenzar con Pablo mismo. La riqueza de la revelación de Jesús en el Nuevo Testamento llegó por medio de Israel. ¿Quiénes escribieron el Nuevo Testamento? Fueron israelitas creyentes.

> ***"No ha desechado Dios a su pueblo, al cual desde antes conoció…" (11:2).***

Aquí es donde se revela el plan de Dios. Por medio de su previo conocimiento, Dios vio que en los últimos días un grupo grande de israelitas iba a aceptar a Cristo. Dios no los iba a forzar, sino que por medio de su previo conocimiento, Dios pudo escoger a Israel. Pero al fin ellos lo rechazaron y eso fue cuando Dios se dirigió a los gentiles. Dios no está rechazando a nadie, simplemente por medio de su previo conocimiento muestra su misericordia, y eso lo vemos en este libro de Romanos. ¿Está confundido? Vamos a leer la Biblia para poder quitarnos toda la confusión.

> ***"No ha desechado Dios a su pueblo, al cual desde antes conoció. ¿O no sabéis qué dice de Elías la Escritura, cómo invoca a Dios contra Israel, diciendo: Señor, a tus profetas han dado muerte, y tus altares han derribado; y sólo yo he quedado, y procuran matarme? Pero ¿qué le dice la divina respuesta? Me he reservado siete mil hombres, que no han doblado la rodilla delante de Baal" (11:2-4).***

Elías ser refería a los israelitas. Él estaba llorando y clamando a Dios diciendo: "Yo soy el único que sirve al Señor". Pero Dios le contesta: "No es cierto". Gloria a Dios que Él es el que conoce todas las cosas. A nuestros ojos puede parecer que no hay ninguna esperanza, pero Él sabe que lo que se ve con los ojos no es la realidad de la circunstancia. Debe ser un principio esto en toda nuestra vida: No se deje llevar por lo que siente ni por lo que ve.

> ***"Así también aun en este tiempo ha quedado un remanente escogido por gracia. Y si por gracia, ya no es por obras; de otra manera la gracia ya no es gracia. Y si por obras, ya no es gracia; de otra manera la obra ya no es obra" (11:5-6).***

Una y otra, y otra, y otra vez Pablo nos recuerda que la salvación no es por obras, sino por gracia. Es por medio de un acercamiento de Dios hacia nosotros y nuestra respuesta ante ese acercamiento.

> ***"¿Qué pues? Lo que buscaba Israel, no lo ha alcanzado; pero los escogidos sí lo han alcanzado, y los demás fueron endurecidos" (11:7).***

¿Qué es esto? Tenemos que entender este verso a la luz de todo lo que hemos aprendido en los otros capítulos. ¿Qué está diciendo este verso? Recuerde que Dios muestra misericordia con quien desea mostrar misericordia.

Está diciendo que Dios vio a los que iban a creer en Jesucristo y los escogió, pero los demás fueron endurecidos por el mismo mensaje. ¿Quién endureció el corazón de los israelitas en el tiempo de Cristo? Cristo andaba sanando a los enfermos, andaba echando fuera a los demonios, estaba perdonando los pecados, fue a la cruz, murió y aun con toda esta obra preciosa, el corazón de los israelitas fue endurecido. Podríamos decir que la misma misericordia que Dios estaba mostrando fue el instrumento que provocó que su corazón se endureciera. Él vino a su propio pueblo y lo rechazaron. Lo que endurece los corazones es lo mismo que ofrece la misericordia.

Tal vez estoy equivocado, pero hay algo que he observado en la iglesia y es que en algunas iglesias hay división. He visto corazones tan duros, corazones que no se aman el uno al otro, dicen ser cristianos pero hay pleitos, hay contiendas entre algunos hermanos de la iglesia. En mi propia iglesia había 1.500 personas en la congregación. Era una iglesia en la que los pastores eran increíbles, pero al final se dividió. Luego la división se dividió, y la división se dividió nuevamente. Ahora hay como 35 personas en esa iglesia los domingos y ellos siguen peleando porque algunos quieren a un pastor y otros quieren a otro. Están peleando entre ellos aunque son sólo 35 personas. Si ellos quieren crecer tienen que unirse porque la división sólo destruye.

En Génesis vemos que el pueblo decidió ir en contra de la voluntad de Dios, porque Dios había sido muy claro al decir: "Salid y llenad toda la tierra". Pero la respuesta de ellos fue: "No, no queremos llenar la tierra. Queremos estar cerca de nuestros familiares. Aquí estamos creciendo. Vamos a construir una torre tan alta para que todos sepan que aquí está nuestra ciudad. Vamos a hacer esto para que todos lo puedan ver desde lejos y que sepan que somos fuertes y sabios". Dios dijo: "No, voy a poner esto fuera de su alcance. Yo les dije que salieran y llenaran la tierra y no lo hicieron, así que voy a cambiarles sus idiomas". Lo hizo para detener la construcción de la Torre de Babel, porque no obedecieron a Dios. (Puede leer este relato en Génesis 11.)

> ***"Como está escrito: Dios les dio espíritu de estupor, ojos con que no vean y oídos con que no oigan, hasta el día de hoy" (11:8).***

Es difícil de entender, pero es la verdad de la Palabra de Dios. Él hace y mueve, quita y pone, endurece y ablanda; Dios hace lo que Él desea hacer siempre. Hace unos veinte años, tuve el privilegio de visitar la nación de Israel. Un misionero que trabajaba allá me llevó a algunas iglesias que habían quemado los israelitas. Me dijo el misionero que si mencionan la palabra misionero los pueden echar a la cárcel. No quieren a los misioneros en Israel. Nadie puede hablar de Cristo. Ahí son muy "antiCristo". Pero Dios conoce el futuro.

Algunos dicen que Dios rechazó a Israel, y ahora nosotros somos el pueblo escogido de Dios. Yo no creo eso. Yo creo que todos somos el pueblo escogido de Dios, judíos y gentiles. Él no ha desechado a nadie.

> ***"Y David dice: Sea vuelto su convite en trampa y en red, en tropezadero y en retribución; sean oscurecidos sus ojos para que no vean, y agóbiales la espalda para siempre. Digo, pues: ¿Han tropezado los de Israel para que cayesen? En ninguna manera; pero por su transgresión vino la salvación a los gentiles, para provocarles a celos. Y si su transgresión es la riqueza del mundo, y su defección la riqueza de los gentiles" (11:9-12).***

Para provocarles celos, los israelitas salieron, rechazaron la justicia de Dios, Israel se separó de las cosas de Dios y Dios dijo: "Bueno, voy a volver a los gentiles". Esto es bueno porque ahora nosotros tenemos la oportunidad de ser salvos. Pero Dios todavía ama a los israelitas y no tenemos el derecho de tratarles mal (como acostumbran algunos) porque Dios ama a todos. Y por su amor murió por todos, aunque no todos aceptarán su obra de restauración.

> ***"Porque a vosotros hablo, gentiles. Por cuanto yo soy apóstol a los gentiles, honro mi ministerio, por si en alguna manera pueda provocar a celos a los de mi sangre, y hacer salvos a algunos de ellos" (11:13-14).***

Los israelitas todavía pueden ser salvos. Solamente tienen que creer en Jesucristo porque los que creen serán salvos, sean judíos, gentiles, hombres, mujeres, cualquier persona de cualquier nación. Todos los que creen serán salvos, ricos, pobres, preparados o sin preparación. Todos. Y Pablo lo declara de una manera muy interesante: Si por predicar a los gentiles puedo provocar celos en los israelitas lo suficiente para que se detengan a saber quién es Jesús, será una honra para mi ministerio. ¡Qué interesante esta declaración!

> ***"Porque si su exclusión es la reconciliación del mundo ¿qué será su admisión, sino vida de entre los muertos?" (11:15).***

Pablo está hablando de la exclusión de Israel que provocó la entrada de todos los gentiles. ¿Cuánta más bendición sería si los israelitas regresaran a Dios? Sería una bendición muy grande. Sería un gozo si hubiera un avivamiento en Israel y que hubiera miles de personas entregándose al Señor. Esa sería la respuesta a la paz en el oriente, si todo Israel o una gran parte se entregaran a Cristo. Cambiaría el ambiente en el oriente. No sabemos lo que va a suceder, pero todo puede pasar y todo es posible.

> ***"Si las primicias son santas, también lo es la masa restante; y si la raíz es santa, también lo son las ramas. Pues si algunas de las ramas fueron desgajadas, y tú, siendo olivo silvestre, has sido injertado en lugar de ellas, y has sido hecho participante de la raíz y de la rica savia del olivo, no te jactes contra las ramas; y si te jactas, sabe que no sustentas tú a la raíz, sino la raíz a ti" (11:16-18).***

Nos conviene estimar como un pueblo especial a Israel, porque eso terminará reflejándose también en nosotros. Esta es la enseñanza que nos da Pablo: "No te jactes". Los israelitas escribieron todo lo que estudiamos ahora de la Biblia. Personas como Pablo, Pedro y Santiago. Moisés escribió todo el Pentateuco y estamos recibiendo todas las bendiciones de ellos ahora. Qué bueno que los israelitas hicieron ese trabajo. Pero ellos rechazaron a Cristo y por 2.000 años han sufrido mucho. Por todo el mundo hay enseñanzas en contra de los israelitas, hay propagandas en contra de ellos. Dicen que ellos están tratando de controlar todo el dinero del mundo, pero ¿sabe quién controla todo el dinero del mundo? Dios. Él prospera al que quiere. Si Dios dice: Bendición y prosperidad para usted, nada puede detener la bendición y la prosperidad en su vida, y si dice "escasez" no importa lo que pase, va a sufrir. Dios es Dios, por eso no hay que jactarnos. Al contrario, debe producir humildad y agradecimiento, porque todo lo bueno que podemos decir o tener respecto a las cosas espirituales, ha llegado a nosotros por medio de los israelitas.

> ***"Pues las ramas, dirás, fueron desgajadas para que yo fuese injertado. Bien; por su incredulidad fueron desgajadas, pero tú por la fe estás en pie" (11:19-20).***

Sí, estamos en la familia de Dios por causa de los que fueron desgajados, pero ni eso ha pasado por alguna obra nuestra, sino por nuestra fe en su obra. El Señor nos salvó no por nuestras obras, o porque somos buena gente, o porque somos gentiles. Pero tampoco porque somos mejores que los israelitas. En los capítulos 2 y 3, vimos que todo el mundo es malo, que no hay ni siquiera un justo, todos somos malos pero Dios quiere mostrar su misericordia a todos. ¡Gracias a Dios por eso!

> ***"...No te ensoberbezcas, sino teme. Porque si Dios no perdonó a las ramas naturales, a ti tampoco te perdonará" (11:20-21).***

Algunos dirán: "Bueno, yo soy gentil, escogido de Dios, del pueblo escogido de Dios, así que voy a andar como yo quiero". ¡Cuidado! No podemos tentar a Dios. Cristo nos mostró esto cuando vino Satanás diciendo que se aventara del templo y que los ángeles iban a cuidarlo y ¿cuál fue la respuesta de Jesús? Que no debemos tentar a Dios. Si usted dice que va a andar un poco desviado de las cosas de Dios para andar con el mundo, Dios es muy, muy misericordioso, pero en cualquier momento, Dios puede cortarle, porque está caminando en incredulidad. Mejor vamos a confiar en Dios y a poner toda nuestra confianza en Él. La fe no es algo de una entrega a medias, sino que es una entrega completa de nuestra vida a Cristo.

Ya hablamos que Dios quiere que nosotros sepamos que Él es un Dios que puede enojarse. Dios puede enojarse pero no es para que andemos temblando. Tampoco es para que tentemos a Dios, andando en el camino donde ya sabemos que no debemos andar. Eso es demostrar una falta de confianza en Dios.

> ***"Mira, pues, la bondad y la severidad de Dios; la severidad ciertamente para con los que cayeron, pero la bondad para contigo, si permaneces en esa***

bondad; pues de otra manera tú también serás cortado" (11:22).

Yo veo que la clave aquí son dos palabras: *si permaneces*. Dios no quiere esclavos, Él quiere hijos. Dios no va a forzarnos. Si nosotros no queremos servirlo, podemos dejar de hacerlo. Es nuestra decisión, pero quedamos advertidos: si no permanece en la salvación, la bondad, también será cortado.

Y yo puedo decirle paso a paso lo que debe hacer si quiere alejarse rápidamente de Dios. Aquí está: *"Pues habiendo conocido a Dios, no le glorificaron como a Dios, ni le dieron gracias, sino que se envanecieron en sus razonamientos, y su necio corazón fue entenebrecido"* (1:21). Veo tres pasos hacia abajo en este verso. Primero, no lo reconocieron como creador, como dueño, como el Señor de señores, como el Rey de reyes con todo el derecho de ordenar en nuestra vida. Dios no va a forzarnos. Todos podemos tomar nuestras propias decisiones. ¿Qué dijo el padre cuando el hijo pródigo llegó con él y le dijo que quería su herencia? "Mi hijo, no se vaya, quédese por favor." ¡No! El padre ya sabía cómo andaba el hijo en rebelión y con el deseo de no sujetarse a la autoridad del padre. El padre no quería un esclavo, él quería un hijo y por eso el padre le entregó toda su herencia sabiendo lo que iba a suceder.

El segundo es la falta de agradecimiento. Cuando las maravillas, los milagros, el hecho de poder entrar a su presencia se vuelve algo monótono, cosa de todos los días y no sabemos reconocer lo que tenemos, dejamos de ser agradecidos. Uno puede ver esto en su propia vida cuando Dios nos va levantando y prosperando, muy pronto se nos olvida que crecimos en una casa sin puertas, sin zapatos, sin amor. Por eso es tan importante constantemente recordar las obras y las maravillas de Dios para nosotros y nuestras familias. Los Salmos son un buen ejemplo a seguir en cuanto a esto.

Y la falta de agradecimiento nos llevará a envanecernos en nuestros propios ojos. Si perdemos la humildad, comenzamos a vernos como más de lo que realmente somos. Si nos consideramos como algo importante, no vamos a considerar a Dios como lo más importante. Y así de fácil caemos en la incredulidad y estaremos en peligro de ser cortados.

Dios no va a pelear con nosotros. Él quiere hijos, no esclavos. Si quiere alejarse de Dios, Él le va a dar esa libertad. Pero hay que reconocer que ese camino va a tener un fin, y no será muy agradable. Vendrá el día cuando va a sacar de su reino a todos los rebeldes, a todos los que no andan bien y ya sabemos a dónde van a caer.

Si quiere alejarse de Dios, sólo deje de dar gracias y comience a murmurar como los israelitas. Un día Dios abrió la tierra y cayeron muchos hombres directamente al fuego eterno con todo y su ropa. No pasaron tiempo enfermos o en cama moribundos. ¡No! Ellos murmuraron y cayeron. Por eso nosotros no vamos a murmurar sino que vamos a darle gracias a Dios. Y aunque no sepamos o no entendamos lo que sucede en nuestra vida, sí sabemos que todas las cosas nos ayudan a bien si amamos a Dios y andamos según su propósito y su propósito es conformarnos a la imagen de Cristo. Si hemos sido formados a la imagen de Cristo, todas las cosas van a estar bien. ¿No se ha fijado en la Biblia que Cristo tenía problemas? Pero Él tenía el control de todas las situaciones no se preocupaba, y si nosotros estamos siendo hechos a su imagen será igual. Vamos a pedir a Dios y Él va a hacer lo que estamos pidiendo porque estamos guardando sus mandamientos.

Pero, ¿qué es lo que causa que permanezcamos en Cristo? ¿Cuál es el elemento en nuestra vida que causa que permanezcamos en Él? ¿Cómo podemos quedarnos en la bondad y amor a nuestro prójimo? Es por medio de la fe, no por algo que podemos hacer o decir.

Primeramente tenemos que creer en Cristo. Después Él nos salva del pecado, limpiando toda nuestra culpa y derramando su amor en nuestro corazón pero todo es por la fe que nos atrae a Cristo y esta fe nos va a causar permanecer en Él. Es la fe, no nuestras buenas obras. Al permanecer en Cristo se van a producir las buenas obras, pero nuestra fe es la que va a causar que permanezcamos en Él. Nuestra fe. Los que creen serán salvos.

Si creemos en el corazón y confesamos con nuestra boca. Esta confesión es diaria. Cuando vienen los problemas o cuando no vienen problemas. En todo tiempo. Si hay algún problema debemos confesar que "Dios va a sacarnos de todo problema", sin importar los problemas, las pruebas, la tempestad, los ataques del enemigo que quieren alejarnos de Dios. Podremos ver que Dios está cumpliendo sus promesas y propósitos en nuestra vida. De otra manera, si no creemos y confesamos, surge el lenguaje de la incredulidad, y eso es la murmuración. Porque la fe dice: "A pesar de todo lo que veo, de lo que siento, de la apariencia de todas las cosas, Dios está conmigo y todas las cosas me ayudan a bien porque Él está trabajando en mi vida y el que comenzó la buena obra en mi vida no la va a abandonar sino que la va a perfeccionar hasta el día de Cristo". Si usted dice: "Hermano Francisco, usted no conoce mi situación" es verdad. Pero Dios sí la conoce. ¿Usted cree que Dios tiene otra Biblia, otra Palabra, para usted? En esta Biblia no dice: "Hijo, hija, tenía buenos planes para ti pero se levantaron tantas situaciones y circunstancias en tu vida que, lo siento mucho, perdóname por no cumplir con mi palabra, tu situación es muy difícil y yo no puedo". ¿Quiere que Dios escriba una Biblia que sea solamente para usted? No permita que la murmuración estorbe la Palabra que debemos declarar en fe sobre nuestras circunstancias, sobre nuestra vida.

Todas las cosas nos ayudan a bien; el propósito de Dios en nuestra vida es conformarnos a la imagen de Cristo. Cuando Dios nos disciplina, es por nuestro bien. ¡Aleluya! Si sentimos un golpe, es la disciplina de Dios. El azote es para todos los que Él ama. El disciplinado dice: "Gracias Dios porque me amas, porque me estás disciplinando, porque me perdonas cuando me tardo en pedir perdón a mi esposa cuando le grito, pero ahorita mismo voy a abrazarla y besarla, voy a pedirle perdón. Gracias porque todas las cosas me ayudan para bien". Uno que dice que Dios nunca lo ha disciplinado, que nunca ha sentido su látigo, no es su hijo. Si usted anda lejos de Dios, Él no va a disciplinarlo. La disciplina es reservada para sus hijos.

> ***"Y aun ellos, si no permanecieren en incredulidad, serán injertados, pues poderoso es Dios para volverlos a injertar" (11:23).***

Lo que nos corta del Señor es la incredulidad. Usted puede examinarse. Solamente escuche lo que está hablando. Si está murmurando, está en incredulidad. Los israelitas son un ejemplo. Solamente hay que ver lo que ellos hicieron para no andar como ellos. Cuando llegaron al Mar Rojo estaban contentos y danzando. Cantaban: "Tenemos un Dios grande, grande, grande". Pero cuando llegaron al lugar donde el agua era amarga, ¿cuál fue su reacción? "Dios nos trajo aquí porque no hay lugar para sepultarnos en Egipto". Murmuraron y cayeron en la rebeldía e incredulidad. Pero aun así, sigue habiendo esperanza para ellos. Si creen, Dios tiene el poder para volver a injertarlos en sus planes y propósitos.

¡Ay Dios mío! Después de ver a Dios hacer uno y otro milagro para el pueblo de Israel, siempre caían en esa trampa de la murmuración. Más adelante no había comida y ¿qué dijeron? "Al menos en Egipto teníamos carne, chile, tomate, cebolla y tortillas", y Dios les mandó codornices para alimentarlos. Llegaron a otro lugar y no había agua, nuevamente y los israelitas dijeron: "Vamos a morir de sed". Moisés golpeó dos veces la piedra, que era un tipo y sombra de Cristo, y salió agua. Hermanos, cuidemos nuestro corazón o caeremos en la misma costumbre de murmuración y queja, una muestra de falta de fe. Ellos pasaron 40 años en el desierto dando vueltas y sólo estaban como a dos o tres semanas de camino de la tierra prometida. Pasaron el resto de su vida murmurando.

Murmurar es la voz de la incredulidad. Mejor vamos a dar gracias a Dios aunque no entendamos lo que está pasando. Vamos a dar gracias "de todos modos" al Señor, porque Él está con nosotros, porque Él es fiel, y porque todas las cosas nos ayudan a bien para ser conformados a la imagen de Cristo. No vamos a murmurar porque es la voz de la incredulidad. Vamos a escucharnos continuamente, y si estamos murmurando entonces estamos en incredulidad. Si no amamos a nuestro hermano estamos en tinieblas. Si usted está en incredulidad y en tinieblas, ¿sabe cómo está con Dios? Está mal. Pero Dios es fiel y si nos arrepentimos, una vez más podremos ser injertados en su familia.

> ***"Porque si tú fuiste cortado del que por naturaleza es olivo silvestre, y contra naturaleza fuiste injertado en el buen olivo, ¿cuánto más éstos, que son las ramas naturales, serán injertados en su propio olivo? Porque no quiero, hermanos, que ignoréis este misterio…" (11:24-25).***

¡Oh! Ya tenemos otro misterio, otro problema, otra interpretación qué hacer. Voy a caer en miles de problemas. Pablo escribió cosas difíciles para entender, pero no imposibles. Simplemente está señalando la verdad de que si una rama de diferente árbol puede ser injertado en el olivo, seguramente Dios podrá injertar una rama del mismo olivo nuevamente.

> ***"…para que no seáis arrogantes en cuanto a vosotros mismos: que ha acontecido a Israel endurecimiento en parte, hasta que haya entrado la plenitud de los gentiles; y luego…" (11:25-26).***

Oh, no. Parece que todo lo que hemos estado enseñando cae en el suelo. Este Pablo hace trampas para nosotros. Cuando yo esté en el cielo voy a hablar con Pablo y le voy a preguntar: ¿Por qué escribió esto en la Biblia? ¿Por qué dijo estas cosas? ¿Por qué dice una cosa y después dice otra? Porque en estos versos vemos que tenemos otro problema, algo difícil de entender especialmente para mí: **"…y luego todo Israel será salvo…" (11:26).**

¿Qué es esto? Nosotros acabamos de estudiar en los capítulos 9 y 10 que la elección no es por raza y que todo Israel no es Israel. ¿Entonces Pablo nos está cambiando la doctrina en el capítulo 11? ¡Esto parece una locura!

Yo no tengo todas las respuestas, pero cuando dice que todo Israel será salvo, está hablando de la elección y los elegidos según su previo conocimiento. Dios ve a todos los que van a creer en Jesucristo y estos son Israel. Todo Israel no es Israel. Punto de vista: Abraham tenía muchos hijos, no solamente a Isaac e Ismael, sino que se casó después de la muerte de Sara y tuvo otros hijos. Pero Isaac era el escogido. Pero no solamente Isaac, porque Isaac tuvo dos hijos: Jacob y Esaú. Desde antes que nacieran, Jacob ya era el elegido y Esaú rechazado, por medio del previo conocimiento de Dios. Dios sabía que Esaú iba a rechazar la bendición de Dios y sí era cierto porque Esaú vendió la bendición por un plato de lentejas. Vendió su derecho a recibir las bendiciones de Dios y no encontró lugar para el arrepentimiento.

Todo Israel no es Israel. Todos los que están viviendo en el país de Israel no son Israel, sino que Israel son los escogidos. Esperemos que todo Israel sea salvo, pero lo importante aquí es entender que no todos los que son de la sangre israelita son Israel. Muchos en ese país ni siquiera son de sangre israelí. Todo Israel será salvo, pero cuando habla de Israel se está refiriendo a todos los escogidos de Dios. Dios por su previo conocimiento sabía que los israelitas o judíos, en este país iban a tener muchos sufrimientos, rodeados por el enemigo, sus vecinos han hecho votos de destruirles y echarles en el mar. Dios en su previo conocimiento vio que muchos de ellos iban a creer en Él. ¡Qué bueno! Hoy en día hay muchos israelitas entregándose al Señor. La Palabra no cambia.

Él puede injertar otra vez aun a ellos, si no permanecen en incredulidad porque si creen, serán salvos.

Todo Israel no es Israel, porque no es según la raza sino es según la gracia. Son los que Dios escoge. Cada uno de nosotros fuimos escogidos antes de la fundación del mundo según su previo conocimiento. Dios nos ha cuidado y protegido. Ha mandado a sus ángeles a guardarnos porque Él vio que nos íbamos a entregar a Cristo para ser sus hijos por toda la eternidad. También, según lo que escribe Pablo, Dios vio que en los últimos días muchos israelitas iban a entregarse a Cristo. Dios no trabaja según la raza, está trabajando según su elección y según la fe que ve en los corazones por medio del previo conocimiento. Tampoco es por la predestinación. La predestinación dice: Yo voy a causar que este o aquel sea cristiano. ¡No! Es porque Él vio desde antes a los que iban a aceptar a Cristo y los escogió.

Somos escogidos. A los que Él escogió los llamó. A los que llamó los justificó. A los que justificó los glorificó y vamos a estar con Él por toda la eternidad.

> ***"... todo Israel será salvo, como está escrito: Vendrá de Sion el Libertador, que apartará de Jacob la impiedad. Y este será mi pacto con ellos, cuando yo quite sus pecados. Así que en cuanto al evangelio, son enemigos por causa de vosotros; pero en cuanto a la elección, son amados por causa de los padres" (11:26-28).***

Dios eligió según su previo conocimiento, Él supo que muchos lo iban a rechazar y que un remanente iba a creer. Tal vez en los últimos días vamos a ver una multitud. No sabemos. Pero tengo la plena confianza que Dios tiene el poder, y el deseo, de injertar a cualquiera que ahora parezca enemigo.

> ***"Porque irrevocables son los dones y el llamamiento de Dios" (11:29).***

No solamente para los israelitas sino para nosotros también. Dios me llamó y nunca va a cambiar su opinión, por toda la eternidad. Nada ni nadie nos podrá sacar del llamado, de la mano de Dios, excepto nosotros mismos. Dios no cambia de opinión, su amor es eterno y su misericordia es nueva cada día.

Pablo hace un resumen de todo lo que vino diciendo con esto:

> ***"Pues como vosotros también en otro tiempo erais desobedientes a Dios, pero ahora habéis alcanzado misericordia por la desobediencia de ellos, así también éstos ahora han sido desobedientes, para que por la misericordia concedida a vosotros, ellos también alcancen misericordia. Porque Dios sujetó a todos en desobediencia, para tener misericordia de todos" (11:30-32).***

No entendemos, muchas veces, la forma de trabajar de Dios. Pero Él es soberano y tiene el derecho de hacer lo que quiera. Gracias a Dios que su plan es mostrar misericordia a todos. No sabemos cuándo ni cómo, pero puedo estar seguro de que sí lo hará.

Pablo termina con lo siguiente: "*¡Oh profundidad de las riquezas de la sabiduría y de la ciencia de Dios! ¡Cuán* *insondables son sus juicios, e inescrutables sus caminos! Porque ¿quién entendió la mente del Señor? ¿O quién fue su consejero?) ¿O quién le dio a él primero, para que le fuese recompensado? Porque de él, y por él, y para él, son todas las cosas. A él sea la gloria por los siglos. Amén*" (11:33-36).

Oh hombre, nunca podrá explicar lo que Dios está pensando. Jamás podremos averiguar por qué hace las cosas de una u otra manera. La sabiduría y el conocimiento de Dios son tan profundos. ¿Quién pretende entender o explicar? Se engaña a sí mismo. Nuestra confesión debe regresar a esas palabras: Todo es de él, por él, y para él. Nuestro único deber es creer, obedecer y alabar.

Pero una cosa queda muy claro: Dios invita a todo el mundo, judío y gentil, a disfrutar de la maravillosa salvación que podemos gozar por medio de la fe en la obra de Jesús.

CAPÍTULO 12
DE ROMANOS

"Así que, hermanos, os ruego por las misericordias de Dios, que presentéis vuestros cuerpos en sacrificio vivo, santo, agradable a Dios, que es vuestro culto racional. No os conforméis a este siglo, sino transformaos por medio de la renovación de vuestro entendimiento, para que comprobéis cual sea la buena voluntad de Dios, agradable y perfecta" (12:1-2).

Estos versos muestran la manera en que el alma, nuestra alma, debe responder a las misericordias de Dios. Cuando miramos lo que Cristo ha hecho por nosotros como lo encontramos en los capítulos 1 al 11 de Romanos, Pablo está diciendo que debemos estar dispuestos a presentar nuestro cuerpo, en realidad nuestro ser entero, a Dios, para su servicio, con el propósito de ser usado por Él.

Las dos primeras palabras en el capítulo "así que", conectan esta sección del libro de Romanos con todo lo que ha venido antes. El tema del capítulo 1 hasta el capítulo 11 es la misericordia de Dios, y siendo que la misericordia de Dios es tan grande y tan poderosa, es nuestro "culto racional" presentar nuestro cuerpo y nuestro ser entero al servicio incondicional de este Dios misericordioso. Es lo menos que podemos hacer.

En lo natural, parece que sería la cosa más fácil obedecer este mandamiento con gozo y fidelidad, pero muchas veces no es así. No nos gusta renunciar a nuestros derechos que tenemos sobre nuestro propio cuerpo. Es el último paso de una entrega completa, de nuestra vida al Señor. Tenemos la tendencia de reservar los planes para el cuerpo a nuestros propios deseos, nuestro propio gusto, nuestro propio agrado, y según nuestro propio modo de pensar.

La santificación o la entrega de nuestro cuerpo a Cristo, es voluntario. Tenemos que hacerlo porque sabemos que es la voluntad de Dios, no porque alguien nos lo está exigiendo. La entrega de nuestro cuerpo es una consagración completa. No puede uno consagrar solamente una parte de su cuerpo y dejar la otra parte del cuerpo sin consagrar. Tenemos que consagrar el cuerpo completo, igualmente el alma y el espíritu.

También el entregar nuestro cuerpo es un sacrificio. Nos va a costar algo. El sacrificio en el Antiguo Testamento era un sacrificio de un animal muerto. El sacrificio en el Nuevo Testamento es de un cuerpo vivo.

La entrega de nuestro cuerpo es práctica. Es servicio. También es racional; es lógico. Al considerar lo que Cristo ha hecho por nosotros, el sacrificio de entregar nuestro cuerpo debería ser un resultado lógico de cada persona que cree en Cristo.

Por lo que Cristo ha hecho por nosotros, comprándonos con su sangre preciosa, nosotros pertenecemos a Dios. Por el hecho de que Cristo nos compró y que pertenecemos a Él, debemos regresar a Dios lo que pertenece a Él. Nosotros le pertenecemos a Dios. Primera de Corintios 6:19-20 lo dice así: "*¿O ignoráis que vuestro cuerpo es templo del Espíritu Santo, el cual está en vosotros, el cual tenéis de Dios, y que no sois vuestros? Porque habéis sido comprados por precio;*

glorificad, pues, a Dios en vuestro cuerpo, y en vuestro espíritu, los cuales son de Dios."

Y en caso de que no quedara clara la idea, 1 Pedro 1:18-19 sigue: "*...sabiendo que fuisteis rescatados de vuestra vana manera de vivir, la cual recibisteis de vuestros padres, no con cosas corruptibles, como oro o plata, sino con la sangre preciosa de Cristo, como de un cordero sin mancha y sin contaminación*". Simple y sencillamente, nuestros cuerpos le pertenecen a Dios.

La Biblia no solamente nos dice que debemos presentar nuestro cuerpo, también nos dice la manera en que debemos presentarlo. Debemos presentar nuestro cuerpo en sacrificio vivo. No debemos esperar hasta morir y en su culto fúnebre presentar su cuerpo al Señor Jesucristo. No. La presentación debe ser hecha cuando estamos vivos.

La presentación debe ser hecha con santidad. Nuestros cuerpos son santos y debemos ser separados de lo inmundo y apartados para el Señor. En el verso dos del capítulo 11, Pablo nos dice: "*No os conforméis a este siglo*.... Esto significa que no vamos a andar como los demás en el mundo. No vamos a pensar como ellos. No vamos a hablar como los de este mundo. ¿Por qué? Porque hemos presentado nuestro cuerpo vivo al servicio del Señor.

Algunos dicen: "Pero yo no sé qué es lo santo. Yo no sé lo que es agradable a Dios". Por eso debemos presentar nuestro cuerpo para el servicio de Él. Es el propósito de entregarnos a Cristo para que podamos ser transformados en nuestro entendimiento. Cuando presentamos nuestros cuerpos al Señor, que es nuestro culto racional, Dios va a comenzar un proceso que nos va a transformar por medio de la renovación de nuestro entendimiento.

Pablo nos escribe que aparte de presentarnos como sacrificio al servicio del Señor, tampoco debemos conformarnos a este mundo. Este mundo es negativo. El espíritu que actualmente prevalece es el egoísmo, en contraste con el amor de Dios, y el objetivo es la gratificación de uno mismo, más que hacer la voluntad de Dios.

No solamente no debemos conformarnos al mundo sino debemos ser transformados. Debemos ser transformados no solamente en la mente; no solamente en lo intelectual. La mente combina lo intelectual con lo moral y discierne lo bueno y lo verdadero. El pecado en la raza humana ha dañado la habilidad de reconocer lo bueno y la verdad, pero Dios puede renovar esta habilidad. Por el pecado, la mente está bajo el poder de la carne, pero cuando está controlada por Dios, la mente recupera el poder de discernimiento y puede reconocer lo que es la verdad.

Conocer la voluntad de Dios es el primer resultado de la consagración causado por presentar nuestro cuerpo a Dios y por evitar el conformarnos al mundo y ser transformados desde adentro en nuestro espíritu.

Los versos 3-8 dicen así:

> ***"Digo, pues, por la gracia que me es dada, a cada cual que está entre vosotros, que no tenga más alto concepto de sí que el que debe tener, sino que piense de sí con cordura, conforme a la medida de fe que Dios repartió a cada uno. Porque de la manera que en un cuerpo tenemos muchos miembros, pero no todos los miembros tienen la misma***

> ***función, así nosotros, siendo muchos, somos un cuerpo en Cristo, y todos miembros los unos de los otros. De manera que, teniendo diferentes dones, según la gracia que nos es dada, si el de profecía, úsese conforme a la medida de la fe; o si de servicio, en servir; o el que enseña, en la enseñanza; el que exhorta, en la exhortación; el que reparte, con liberalidad; el que preside con solicitud; el que hace misericordia, con alegría." (v. 3-8).***

Después de que Pablo había dicho a los creyentes en Roma que deberían presentar sus cuerpos en sacrificio vivo, parece que él empezó a hacer una lista de la manera en la cual los creyentes deben conducir su vida como resultado de la consagración a la buena voluntad de Dios. Él está hablando de marcar sobre sus mentes que su manera de vivir debe ser la respuesta a las misericordias de Dios y la consagración que han hecho con la presentación de sus cuerpos en sacrificio vivo.

La primera instrucción que Pablo les da es: "*...que no tenga más alto concepto de sí que el que debe tener...*" (v. 3). Dirigiéndose a todos los creyentes, Pablo escribe en contra del mismo enemigo con el cual toda la humanidad ha luchado por todos los siglos: el orgullo.

La Biblia está llena de historias e instrucciones en contra del orgullo. De las siete cosas que Jehová aborrece alistadas en Proverbios 6:16-17, una de ellas es "los ojos altivos". Dios aborrece (odia, maldice) a los ojos altivos. Uno no puede hallar en ninguna porción de la Biblia donde Dios aplauda o bendiga ni al orgullo ni al orgulloso. Este verso dice que debemos pensar de nosotros mismos con "*cordura, prudencia y sensatez*".

Luego Pablo empieza a hablar de la similitud entre el cuerpo humano y el cuerpo de Cristo. Cada persona tiene su don, su función, y debe operar en este don. Nadie tiene todos los dones y no puede practicar ni desarrollar todos los dones una sola persona. Cada don tiene un lugar específico en cada creyente individual. Somos muchos en el cuerpo de Cristo, y cada miembro tiene su propio don, tiene su función, y formamos parte de un mismo cuerpo.

Y estos dones se reparten según la gracia que Dios nos ha dado. Podemos tener un don de profecía, o servicio, o enseñanza, o exhortación, o repartir, o presidir, o misericordia—pero cada don debe funcionar según la voluntad de Dios. No son de nosotros los dones, sino son de Dios y sin la unción de Él, el don no funciona.

Tampoco debemos confundir estos dones de operación con el fruto del Espíritu Santo que encontramos en Gálatas 5:22, ni con los dones del Espíritu Santo que encontramos en 1 Corintios 12:8-10, ni con los dones ministeriales como los encontramos en 1 Corintios 12:28. En realidad, los dones que se alistan aquí en el capítulo doce de Romanos son distintos a las otras listas que encontramos en estos otros lugares.

Por ejemplo, el don de profecía aquí en Romanos 12, significa predicación; el de servicio significa servir en cualquier manera al cuerpo de Cristo; el de enseñanza significa exactamente enseñar a toda clase de personas, desde chicos a grandes; el de exhortación significa animar o levantar a los desanimados; el de repartir significa dar o repartir bienes a los necesitados; el don de presidir tiene que ver con la administración; y el don de misericordia tiene que ver con ser misericordiosos con todos. Como puede ver, son dones un poco distintos, pero que en su totalidad ayudan al cuerpo de Cristo. Las funciones son diferentes, pero todas deben trabajar en unidad, como los miembros de un solo cuerpo.

Siguiendo con la lista que Pablo nos dejó nos indica que nuestro amor, ingrediente importante en la vida cristiana, debe tener cierta característica: **"El amor sea sin fingimiento" (v. 9a).** Esto significa que nuestro amor deberá ser sin hipocresía. Nuestro amor debe ser sincero.

Y no sólo deberá tener cierta característica nuestro amor, sino que también nuestro carácter debe ser diferente. Donde antes hacíamos solamente lo malo y nos encontrábamos bajo la influencia y poder del pecado, ahora debemos estar en el otro extremo: **"Aborreced lo malo, seguid lo bueno" (v. 9b).** Esto quiere decir más que simplemente seguir algo de lejos, realmente "seguid" significa estar unido a lo bueno. En otras palabras, a lo largo de nuestro día, nada ni nadie podrá separarnos de lo bueno. Nuestras acciones, actitudes, palabras serán de continuo las que sean unidas a lo bueno.

Ahora explica un poco más que el amor que tengamos deberá ser un amor como de hermanos. Otra característica que debe reunir la familia de Dios.

> ***"Amaos los unos a los otros con amor fraternal; en cuanto a honra, prefiriéndoos los unos a los otros" (v. 12:10).***

Es muy claro lo que está diciendo Pablo cuando escribe "prefiriéndoos los unos a los otros". En familia es fácil caer, gracias a la familiaridad, en la mala costumbre del egoísmo. Demandamos que las cosas se hagan a nuestra manera, que nos traten como preferimos. Nuevamente, trata con el problema del orgullo. Demasiadas veces nos damos preferencia a nosotros mismos en vez de dársela a nuestro hermano o hermana.

Este verso 11 contiene varios requisitos:

> ***"En lo que requiere diligencia, no perezosos; fervientes en espíritu, sirviendo al Señor" (vs. 12:11).***

La pereza es algo que se habla bastante en las Escrituras. A Dios no le agrada que seamos "flojos", o perezosos. Él no lo es, y espera que busquemos imitarlo. Eclesiastés 9:10 dice: "*Todo lo que te viniere a la mano para hacer, hazlo según tus fuerzas*". No debemos ser perezosos. En muchas ocasiones, para seguir avanzando en la vida cristiana, y en especial los dones, tendremos que demostrar nuestra diligencia, nuestra pasión por servir al Señor. Muchas cosas pueden apagar ese fervor, pero si estamos conscientes del peligro, podemos tomar pasos para evitar que nuestra pasión por servir al Señor se apague. No seamos jamás perezosos ni tibios en nuestro servicio para el Señor.

> ***"Gozosos en la esperanza; sufridos en la tribulación; constantes en la oración" (12:12).***

Creo que si todos los que hemos recibido la obra de redención, practicáramos estas tres cosas, no serían tantos los que se apartan de los caminos del Señor. Es difícil, seguramente, pero nos ahorraría muchos problemas más adelante. Nuestra esperanza nunca será defraudada y esto produce gozo; la tribulación no deberá tumbarnos, sólo tenemos que perseverar; y la oración deberá ser nuestro constante compañero.

La oración rompe cadenas, renueva fuerza, aviva el amor por Jesús, y anima nuestro espíritu. Es esencial en la vida cristiana.

> ***Compartiendo para las necesidades de los santos; practicando la hospitalidad" (12:13).***

Aunque está bien ayudar a los que no son creyentes, este pasaje nos muestra que los de la casa de la fe, o sea nuestros hermanos en Cristo, son a los que debemos ayudar primero y debemos ayudarles constantemente.

Muchas veces somos lentos para ofrecer nuestros hogares para a los hermanos que nos visitan de afuera, pero la Biblia siempre nos enseña que debemos estar listos para hospedar a los que nos visitan, porque muchas veces podemos hospedar a ángeles sin darnos cuenta. No podemos detener las bendiciones que Dios nos ha puesto en nuestras manos, cuando somos obedientes en cumplir sus deseos.

Habiendo instruido Pablo a los creyentes cómo deben conducir sus vidas en la casa de Dios y hacia los de la familia de Dios, aquí Pablo empieza a dar instrucciones de cómo el creyente debe conducir su vida, o como debe portarse con los que no son de la familia de la fe, aun con los que les persiguen y maltratan.

> ***"Bendecid a los que os persiguen; bendecid, y no maldigáis. Gozaos con los que se gozan; llorad con los que lloran. Unánimes entre vosotros; no altivos, sino asociándoos con los humildes. No seáis sabios en vuestra propia opinión" (12:14-16).***

Estos versos me recuerdan la Regla de Oro. Debemos tratar a los demás como deseamos que nos traten. Se dice muy fácil, pero en la práctica, es mucho más difícil. Si no estamos empapados del amor que Dios derrama en nuestro corazón, jamás podremos practicar por completo estas instrucciones. Otra vez Pablo toca el tema del orgullo. Podemos ver que fue un problema entre los creyentes y en la sociedad en general de aquellos días, tal como lo es hoy en día.

> ***"No paguéis a nadie mal por mal; procurad lo bueno delante de todos los hombres" (12:17).***

Muchas veces tenemos la idea de que debemos defendernos cuando nos tratan mal, pero en realidad debemos ser más como Dios perdonando y no pagando mal con mal. Y nuestro buen comportamiento debe ser con todos, no sólo con los que nos pueden castigar, o ayudar, o tienen autoridad sobre nosotros. No siempre es posible hacer lo bueno con todos, pero siempre debe ser una prioridad buscarlo.

> ***"Si es posible, en cuanto dependa de vosotros, estad en paz con todos los hombres. No os venguéis vosotros mismos, amados míos, sino dejad lugar a la ira de Dios; porque escrito está: Mía es la venganza, yo pagaré, dice el Señor. Así que, si tu enemigo tuviere hambre, dale de comer; si tuviere sed, dale de beber; pues haciendo esto, ascuas de fuego amontonarás sobre su cabeza. No seas vencido de lo malo, sino vence con el bien el mal" (12:18-21).***

Este pasaje es tan importante para nuestra vida pública, pero en tantas ocasiones creo que no se está enseñando correctamente. Una relación interpersonal involucra dos personas y si una parte no está de acuerdo con estar en paz, entonces uno como cristiano no puede forzar que haya paz. Creo que para algunos esta verdad podrá producir mucha paz en su corazón si está en una relación con su jefe, amigo o familiar que le haya ofendido y después no queda igual la relación. No hay condenación para usted si ha hecho todo lo posible por estar en paz con todos.

La venganza por algún mal es una de las tendencias más fuertes que tenemos como humanos. Nuestro deseo siempre es que haya justicia y es fácil buscar la manera de producirla en nuestras fuerzas. Pero para obedecer esto, tenemos que recordar que estamos muertos a esa antigua manera de hacer las cosas. Ahora permitiremos que Dios produzca su justicia, que Él salde las cuentas.

Si obedecemos, el trato que le daremos a nuestro enemigo será muy distinto. En lugar de hacerlo sufrir más por nuestras acciones, buscaremos mostrarle misericordia y bondad. Si tiene hambre, le daremos de comer; si tiene sed, le daremos de tomar; si no tiene ropa, se la daremos. Cuando practicamos esta clase de bondad, dejamos libre a Dios para que Él llegue al escenario y obre justicia a nuestro favor. Pero si estamos buscando la manera de vengarnos, de hacerlos sufrir como nosotros sufrimos, atamos las manos de Dios para obrar a nuestro favor.

Esta sección de versos cubre cada área de la vida, lo social y lo religioso. Pablo regresa una vez más al tema del amor. ¿Logramos asimilar realmente lo importante que es el amor en nuestra vida diaria como cristianos? Espero que sí, porque Pablo lo ha venido repitiendo una y otra vez.

Cuando un tema es tan importante, se repite más que otros. No cabe la menor duda que el amor es todo en todo. El amor que fluye de Dios hacia nosotros a través de Jesús, y después hacia cada persona que nos rodea.

Dios ES amor.

CAPÍTULO 13
DE ROMANOS

EN EL CAPÍTULO 12 Pablo nos enseñó cómo debemos presentar nuestros cuerpos como sacrificio vivo, santo y agradable a Dios y que eso es nuestro culto racional. Ahora en el capítulo 13, vamos a ver otras cosas que debemos hacer con este cuerpo que ha sido sacrificado a Dios.

> ***"Sométase toda persona a las autoridades superiores; porque no hay autoridad sino de parte de Dios, y las que hay, por Dios han sido establecidas. De modo que quien se opone a la autoridad, a lo establecido por Dios resiste; y los que resisten, acarrean condenación para sí mismos. Pues por eso pagáis también los tributos, porque son servidores de Dios que atienden continuamente a esto mismo. Pagad a todos lo que debéis: al que tributo, tributo; al que impuesto, impuesto; al que respeto, respeto; al que honra, honra" (13:1-7).***

En el capítulo 12, Pablo trató con las obligaciones de los creyentes en relación con su familia y con sus hermanos espirituales. En el capítulo 13, él trata con las relaciones sociales como lo serían nuestros deberes a las autoridades civiles y los que gobiernan. El cristiano es ciudadano de alguna nación y también es miembro del cuerpo de Cristo y por eso hay responsabilidades que el creyente debe cumplir en estas áreas de su vida.

El capítulo 12 termina con la indicación de vencer lo malo con lo bueno. Y en el principio del capítulo 13 Pablo llama la atención a nuestra responsabilidad hacia la nación en la cual vivimos. Es muy raro que Pablo escriba algo del tema de los gobernantes, pero es posible que hubiera un problema entre los cristianos en Roma (a quienes está dirigida la epístola) y las autoridades civiles. Los judíos creían en solamente UN Dios, mientras que los romanos creían en muchos dioses, y esta creencia de los romanos afectaba la vida del gobierno, afectaba las leyes y cada aspecto de las vidas de las autoridades civiles. Por eso también es fácil pensar que estaría afectando la vida de los judíos. Entonces la última frase del 12 se vuelve aún más significativa: deben vencer lo malo con lo bueno, no con rebeldía ni pleitos.

Es muy importante que los creyentes sean sumisos a las autoridades civiles y que sean buenos ciudadanos. Si no tenemos cuidado, vamos a buscar la manera de esquivar las leyes de la nación o esquivar las autoridades en vez de someternos a ellas. Es fácil hallar la manera o la razón por la cual podemos justificar o dar excusa por nuestra desobediencia a las leyes y a las autoridades. Por ejemplo, podemos decir que el oficial del tránsito que nos paró por alguna infracción que cometimos, es injusto, que solamente busca su "propina" o pago, y no debió habernos parado. Pero le aseguro que en más de una ocasión, Dios ha usado a algún oficial de tránsito para enseñarme que no debemos desobedecer a las autoridades porque han sido colocadas en su posición por Dios mismo. Yo he descubierto que cuando me someto a ellos y reconozco que sí cometí una infracción, usualmente son más justos y me tratan con cortesía.

Una vez, Nola y yo íbamos entrando al estacionamiento de un centro comercial, y Nola se pasó una señal de "alto" sin darse cuenta. El tránsito vino corriendo para llamarle la atención. Pero ella se molestó mucho y le dijo al tránsito que mejor debería estar allá en la calle parando a personas que realmente estuvieran violando la ley y dejara en paz a una abuelita como ella. Yo le dije que se calmara. Finalmente, ella entró en la tienda y yo seguí hablando con el tránsito. Le pedí disculpas, me puse a sus órdenes, y el señor fue muy amable. No me dio ninguna infracción, nada más me dijo que tuviéramos más cuidado.

Unos pocos días después de que esto pasó, Nola y los niños se encontraban en otro lugar de la ciudad y estaban por dar vuelta en cierta calle junto a la plaza, cuando ella vio un grupo muy numeroso de gente en la otra esquina justo donde ella quería pasar. Al frenar el carro y considerar si ella en realidad quería entrar en una calle tan llena de personas, se le acercó un tránsito. Él era muy cortés, y sugirió que quizás ella, como americana, no debería meterse en esta situación allá en la esquina porque un carro acababa de pegarle a un peatón y lo había matado—y que era posible que los "testigos" quisieran culparla a ella por ser extranjera. Le dio indicaciones de cómo salir del área, y Nola salió bien. Lo interesante de esta historia es que el tránsito quien le advirtió que no se metiera en esta situación, era el mismo señor que nos había parado unos días antes en la entrada del estacionamiento. Gracias a nuestro buen trato de él en la primera instancia, fue de bendición a ella y a los niños en la segunda situación. Aprendimos que realmente vale la pena obedecer a las autoridades.

¿Cuáles cristianos deben ser obedientes a las autoridades civiles? Pablo dice "cada persona…". Ninguno de nosotros se escapa de su obligación de obedecer a las autoridades civiles. Aunque no siempre estaremos de acuerdo con ellas, les debemos respeto y obediencia simplemente porque Dios así lo manda.

¿Cuál es la razón por la que debemos ser obedientes? Verso uno dice porque las autoridades fueron "establecidas por Dios". Esto me dice que si desobedecemos a las autoridades civiles, estamos desobedeciendo a Dios mismo. Muy claro, ¿verdad? Pero no tan sencillo de cumplir. Menos en estos días que estamos viviendo cuando somos afectados de muchas formas por las malas decisiones que están tomando las personas que están en la autoridad. Pero debemos recordar que nada se le ha salido de sus manos, Dios sigue teniendo el control.

Muchos se han preguntado si la enseñanza del apóstol Pablo prohíbe que el cristiano sea parte de una rebelión o revolución. Siguiendo la enseñanza que encontramos en este pasaje, ¿será cierto que el cristiano nunca puede oponerse a algún gobernante que se encuentre en el poder?

Debemos fijarnos en dos cosas que no se mencionan aquí. La primera es que aquí no habla de cómo debe responder si el gobierno está persiguiendo a los cristianos, ni tampoco dice lo que debe hacer el cristiano cuando el gobierno está fallando en su deber hacia sus ciudadanos. Hemos visto iglesias y cristianos que enseñan a sus miembros a no resistir al gobierno que está en el poder aunque saben que está persiguiendo o aun matando a los cristianos. Yo no veo que

Pablo esté ensenándonos que debemos someternos a algo así. Igualmente, no creo que la enseñanza de sumisión a su marido, obliga a una mujer soportar abuso a la mano de dicho marido. Cada mandamiento tiene una jerarquía. Dios nos dé sabiduría para discernir cuándo es el momento de hacer algo, especialmente cuando en muchos países se nos brinda la oportunidad de efectuar cambios por medio del voto. Y de esta forma tenemos la oportunidad y deber aún, de efectuar los cambios que fueran necesarios.

Sin embargo, en los versos tres y cuatro, Pablo alista la manera en que sí debemos ser sumisos al gobierno. Él menciona cuatro aspectos de la autoridad civil aquí:

1. Pagar impuestos personales y de propiedades (*"Pagad tributo al que debemos tributo"*).
2. Pagar impuestos de aduana o de exportación e importación *("impuesto a quienes debemos impuesto")*.
3. Dar respeto a quien debemos respeto.
4. Dar honra a quien debemos honra.

Es bastante claro esto. Aunque muchos nos quejamos de los impuestos que tenemos que pagar, la Biblia nos enseña que el gobierno tiene el derecho de cobrarlos así como esperar cierto respeto de nuestra parte.

Le dejo un ejemplo personal. En nuestros viajes alrededor del continente, en ocasiones las personas nos ayudan con alguna ofrenda y sería muy fácil no reportar esos ingresos porque, ¿cómo va a saber el gobierno que recibimos este dinero? Pero, nosotros hacemos todo lo posible por reportar voluntariamente las entradas de todos nuestros fondos, para quedar bien con las autoridades civiles y con nuestro Dios. Cuando desobedecemos leyes como el no reportar ingresos, estamos desobedeciendo las leyes civiles, y como dice también en el verso cinco, no debemos obedecer la ley civil solamente para evitar el castigo *"sino también por causa de conciencia"*. Yo necesito tener mi conciencia limpia ante Dios.

Hay un pasaje en Lucas 16:10-11, que podemos aplicar directamente a una situación de ese tipo.

> ***"El que es fiel en lo muy poco, también en lo más es fiel; y el que en lo muy poco es injusto, también en lo más es injusto. Pues si en las riquezas injustas no fuisteis fieles, ¿Quién os confiará lo verdadero?"***

Si queremos las bendiciones de Dios en nuestra vida, necesitamos ser fieles y obedientes en las cosas pequeñas y quizá al parecer insignificantes—como una ofrenda de la cual nadie sabe—igual como en las cosas grandes.

> ***"No debáis a nadie nada, sino el amaros unos a otros; porque el que ama al prójimo, ha cumplido la ley. Porque: No adulterarás, no matarás, no hurtarás, no dirás falso testimonio, no codiciarás, y cualquier otro mandamiento, en esta sentencia se resume: Amarás a tu prójimo como a ti mismo. El amor no hace mal al prójimo; así que el cumplimiento de la ley es el amor" (13:8-10).***

Este verso es una admonición fuerte de que debemos evitar las deudas. Cuando Pablo dice "a nadie", está diciendo que no debemos deber dinero a "nadie"—ni al hermano cristiano ni al incrédulo. El cristiano será juzgado por la manera en que cumple su palabra, y si hace deudas o compromisos y luego no cumple con ellos, sean en cuanto a dinero prestado o una promesa no cumplida, es mal testimonio para el Reino de Dios. El hijo de Dios no debe hacer deudas si sabe que no podrá pagarlas, y en forma correcta. Es muy de moda hoy en día de hacer deudas para todas las cosas que queremos pero que no podemos pagar ahora. Compramos carros, ropa, aun comida, y ponemos muchas veces estos gastos en una tarjeta de crédito porque lo queremos ahora, pero no podemos pagarlo ahora. Esto es un mal hábito y algo que sería mejor que los creyentes no participáramos. Lo que estamos haciendo al hacer deudas, es gastar el dinero que todavía ni hemos ganado. Estamos obligados a pagar dinero que aún esperamos ganar para las cosas que ya hemos consumido hoy. Estamos gastando el dinero de la semana que entra cuando ni siquiera lo hemos ganado todavía. Aparte de todo lo demás, es mala mayordomía y el cristiano no debe caer en este estilo de vida. Evitamos las deudas y no debamos nada a nadie.

El apóstol sigue escribiendo que en vez que se deba dinero a otras personas, debemos pagar el respeto y la honra a personas que lo merecen. Otra vez menciona también que el creyente debe pagar sus impuestos. Es muy posible que siendo que los romanos eran gentiles y eran paganos, los creyentes en Cristo decidieron que ellos eran mejores que los romanos y por eso no era necesario que pagaran los impuestos, debido a que ellos habían hallado "un camino mejor". Pero Pablo es muy enfático en que no importa si le gustara o no, los gobernantes son instrumentos en las manos de Dios y por eso es necesario pagar tributos e impuestos necesarios para ser buenos ciudadanos. Es una lección que todavía nos toca hoy día. Otra vez repito como lo he dicho anteriormente, no está hablando Pablo de un gobierno que persigue a los creyentes. Está hablando de la vida normal y la manera en la cual debemos cumplir nuestros compromisos como ciudadanos cada día.

También, debemos pagar respeto a los esposos, los ancianos, los patrones. ¡Sí, a ellos también! Debemos pagar honra a las autoridades y a los padres. Debemos amar a nuestras esposas (y esposos) y debemos amar a nuestro prójimo. Toda esta sección del libro de Romanos es un estudio de la necesidad del amor en nuestra vida y para ver con más detalle lo que está diciendo sobre el amor y qué es el amor, vamos a regresar a 1 Corintios 13:4-7, y lo que Pablo escribió:

> ***"El amor es sufrido, es benigno; el amor no tiene envidia, el amor de es jactancioso, no se envanece; no hace nada indebido, no busca lo suyo, no se irrita, no guarda rencor; no se goza de la injusticia, mas se goza de la verdad. Todo lo sufre, todo lo cree, todo lo espera, todo lo soporta."***

Cuando vemos lo que Pablo escribió a los corintios, y luego a los romanos, es muy claro que el amor que él describe en realidad se trata de cumplir la ley de Dios. ¿Cómo vamos a adulterar con la esposa del prójimo si amamos al prójimo como nos enseña la Escritura? ¿Cómo vamos a matar al prójimo si lo amamos como nos instruye a amarlo aquí? ¿Cómo vamos a mentir contra el prójimo si amamos al prójimo? ¿Cómo vamos a codiciar las posesiones del prójimo si lo amamos cómo debemos? No habría ningún problema interpersonal con nuestro prójimo si tan solo cumpliéramos este pasaje. Pablo dice que el que cumple el mandamiento de "Amarás a tu prójimo como a ti mismo", ha cumplido toda la ley. *Porque "el amor no hace mal al prójimo, así que el cumplimiento de la ley es el amor".*

¡Increíble! Con sólo guardar este mandamiento terminamos con los problemas de las relaciones con nuestro prójimo; si pudiéramos hacerlo o si tuviéramos la voluntad de someternos a Dios y hacer lo que Él nos está diciendo que debemos hacer, no tendríamos problemas con los vecinos, ni con los esposos, ni con los hijos, ni con los suegros, porque estaríamos cumpliendo el mandamiento de Dios de "amar al prójimo como a sí mismo".

Empezando en el capítulo 12 y siguiendo hasta el fin del capítulo 13 de Romanos, podemos ver que el "amor" es el tema que corre por todos estos versos. El amor cubre cada faceta de la vida social y la vida religiosa. El decidir andar en amor es de mucha importancia. Sin embargo, no es todo el asunto. Simplemente decidir que va a andar en amor por su propia fuerza no funcionará y terminará fracasando y no dará fruto. Decidir es el primer paso, pero no es fin del asunto. Dios es la fuente de todo amor y Él tiene que hacer la obra. No solamente tiene que hacer Él la obra, ¡ÉL SÍ LO HARA! Él hará el trabajo en nosotros y esta manera de ser como Cristo tendrá que controlar todo nuestro trato con nuestro "prójimo". Dios es el único que puede hacer este trabajo.

"Y esto, conociendo el tiempo, que es ya hora de levantarnos del sueño; porque ahora está más cerca de nosotros nuestra salvación que cuando creímos.

> ***La noche está avanzada, y se acerca el día. Desechemos, pues, las obras de las tinieblas, y vistámonos las armas de la luz. Andemos como de día, honestamente; no en glotonerías y borracheras, no en lujurias y lascivias, no en contiendas y envidia, sino vestíos del Señor Jesucristo, y no proveáis para los deseos de la carne" (13:11-14).***

Pablo no está diciendo que Cristo estaba por regresar en pocos días. Lo que él está diciendo es que con la crucifixión y la resurrección, habían empezado los últimos días y deberían vivir su vida en una manera que expresara la esperanza de su venida. Nosotros hoy en día debemos vivir nuestra vida con el pensamiento de que Cristo está por regresar y tener eso en nuestra mente todos los días. Como un pastor mío me dijo: "Debemos planear nuestra vida como si Cristo no viniera por muchos años, pero debemos vivir nuestra vida como si Él viniera esta misma noche".

CAPÍTULO 14
DE ROMANOS

"Recibid al débil en la fe, pero no para contender sobre opiniones. Porque uno cree que se ha de comer de todo; otro, que es débil, come legumbres. El que come, no menosprecie al que no come, y el que no come, no juzgue al que come; porque Dios le ha recibido. ¿Tú quién eres, que juzgas al criado ajeno? Para su propio señor está en pie, o cae; pero estará firme, porque poderoso es el Señor para hacerle estar firme" (14:1-4).

Entre los judíos que se habían convertido al cristianismo, sin duda había unos que se sentían incómodos en hacer algunas de las cosas que los cristianos gentiles hacían. Los judíos tenían muchas leyes que gobernaban cada aspecto de sus vidas, pero en especial sobre la comida que consumían. Por ejemplo, los judíos no comían puerco porque el puerco era un animal sucio. En el libro de los Hechos tenemos la historia de la visión de Pedro donde muchos animales le aparecieron en una sábana y Pedro no quiso comerlos porque eran animales "sucios" y los judíos no comían de este tipo de carne Sin embargo, en esta visión Dios le dijo a Pedro que comiera de la carne que él consideraba sucia, porque "lo que Dios había creado no era 'sucio'". Por esta razón, muchos de los cristianos comían cosas que antes se consideraban sucias.

En la sociedad romana, existían muchos dioses a los que

se les ofrecían ofrendas o sacrificios de todo tipo de comida, pero especialmente carne. Ahora, si uno iba al mercado para comprar algo de carne, la carne ofrecida a ídolos se tomaba y se vendía al público. En general, esta carne era de mejor calidad y precio, así que era muy común comprar de esta carne para alimentar a sus familias. Pero, entre los judíos que se convertían al cristianismo, existía un grupo más estricto que no querían comer de este tipo de carne. Siempre fue un problema esta situación de comer carne o comida que se había ofrecido a algún ídolo.

Todo el capítulo 14 de Romanos trata con este tema y la necesidad de los dos grupos de no juzgar ni pensar mal uno del otro. Los que comen no deben pensar mal ni juzgar a los que no comen; ni los que no comen no deben juzgar ni pensar mal de los que sí comen. Pablo deja muy claro que uno debe seguir sus convicciones. Si para uno era malo, no lo debería hacer porque para él sería pecado. Pero si para el otro no lo era, entonces podría comer con libertad.

Hay una ley espiritual que debe controlar toda nuestra vida cotidiana, y esta es la ley del amor. Sigamos leyendo este capítulo: "*Por lo tanto, esforcémonos por promover todo lo que conduzca a la paz y la mutua edificación. No destruyas la obra de Dios por causa de la comida. Todo alimento es puro; lo malo es hacer tropezar a otros por lo que uno come.* Más vale no comer carne ni beber vino, ni hacer nada que haga caer a tu hermano" (14:19-21 en la *Biblia de Estudio Arqueológica*, NVI, énfasis del autor). Debemos hacer todo lo que quede en nuestro poder para vivir en paz y ser una bendición para todos.

Lo principal de todo este asunto es que no debemos destruir la obra de Dios por una simple comida. Desgraciadamente, a lo largo de mi vida, he visto a hermanos en la fe destruirse por algo tan sencillo como el color de la iglesia, o los asientos, o quién va a cantar en las reuniones. La obra de Dios se destruye, y esto no debe ser así.

Les menciono una vez más el capítulo 13 de Primera de Corintios para recordarnos que el amor nos guardará de hacer cualquier cosa que haga caer a nuestro hermano. Cualquier cosa. Algunos dirán que no les importa, tienen la libertad de hacer lo que quieran y si alguien se ofende o se cae es su problema por ser débil en la fe. Pero esto no es lo que nos está enseñando Pablo aquí. Uno tiene que dejar a un lado los "derechos" que pueda tener para proteger y cuidar a su hermano.

Corintios nos dice que el amor es:

- Sufrido
- Benigno
- No tiene envidia
- No es jactancioso
- No se envanece
- No hace nada indebido
- No busca lo suyo
- No se irrita
- No guarda rencor
- No se goza de la injusticia
- Mas se goza de la verdad
- Todo lo sufre

- Todo lo cree
- Todo lo espera
- Todo lo soporta
- El amor nunca deja de ser

El amor es demasiado complejo y rico como para estudiarlo aquí, pero si solamente nos enfocáramos en uno de los atributos alistados aquí: *no busca lo suyo.* Estoy seguro que se acabarían las contiendas y discusiones que se pudieran levantar por cualquier razón.

Para los cristianos de esta época, la polémica era si comer carne ofrecida a ídolos o no. Hoy en día, no creo que tengamos tanto ese problema, pero sí provoca muchos problemas el que algunos hagan lo que a otros ofende; y el que otros no hagan cosas que algunos piensan o juzgan como necesarias para todo buen cristiano.

En el curso de una vida cristiana van a aparecer muchas cosas con las cuales no estamos de acuerdo, habrá opiniones contrarias y muy variadas en cualquier grupo de personas. En una familia habrá diferencia de opiniones. Todos hemos crecido en familias y en iglesias de ambientes diferentes y hemos formado convicciones según las enseñanzas y las influencias en nuestro alrededor. Es necesario establecer principios en nuestra vida para saber qué es lo que debemos hacer y así evitar juzgar a otro o ser ofendido por la acción de otro.

El primer principio que debemos establecer es que no vamos a hacer nada en nuestra vida que sea contra la Palabra de Dios. Por ejemplo, la Biblia es muy clara en que no debemos matar, no debemos adulterar, no debemos robar, mentir o causar división. Es importante que estemos dispuestos a ser guiados o corregidos por la Palabra de Dios porque de otro modo estamos en tinieblas espiritualmente. Conozcamos a Dios por medio de su Palabra. Conozcamos su carácter, sus deseos.

Pero, cuando la Biblia no es muy clara en algún asunto es cuando debemos establecer el principio que Pablo está exponiendo en Romanos capítulo 14. Pablo decidió que él no iba a hacer NADA que pudiera ofender a su hermano. En otras palabras, el cristiano que practica el amor y "no busca lo suyo" no va a insistir en tomar vino y alcohol, o asistir a películas con mala calificación o temas inapropiados porque "es su derecho y al fin y al cabo somos libres en Cristo", sino que va a practicar lo que Pablo enseña aquí y dará preferencia a su hermano sin juzgarlo ni considerarlo menos que uno que sí hace estas cosas. El verdadero cristiano dará lugar a las convicciones de su hermano para el bien de los dos.

El corazón de todo el capítulo está en estos versos. Pablo estaba dispuesto a no hacer las cosas que él pudiera haber hecho, pero prefirió no hacerlas para no ofender a ninguna persona. Nosotros debemos vivir según esta convicción y principio también. Cuántos problemas se evitarían, cuántas discusiones no ocurrirían, cuántos pleitos jamás surgirían si propusiéramos en nuestro corazón vivir de esta manera, con este principio, con todos lo que nos rodean: sean cristianos o no.

CAPÍTULO 15
DE ROMANOS

El principio de este capítulo está conectado con el tema que Pablo había estado tratando en el capítulo 14 y en realidad se podría decir que los primeros siete versos forman la conclusión del mismo. Estos versos enfatizan la relación entre el cristiano fuerte y el cristiano más débil. Desde el capítulo anterior, Pablo viene hablando de la importancia de considerar a los demás. En realidad está hablando de la armonía con la cual toda la Iglesia debería estar viviendo para la consumación de su esperanza en Cristo.

> ***"Así que, los que somos fuertes debemos soportar las flaquezas de los débiles, y no agradarnos a nosotros mismos. Cada uno de nosotros agrade a su prójimo en lo que es bueno, para edificación. Porque ni aun Cristo se agradó a sí mismo; antes bien, como está escrito: Los vituperios de los que te vituperaban, cayeron sobre mí. Porque las cosas que se escribieron antes, para nuestra enseñanza se escribieron, a fin de que por la paciencia y la consolación de las Escrituras, tengamos esperanza. Pero el Dios de la paciencia y de la consolación os dé entre vosotros un mismo sentir según Cristo Jesús, para que unánimes, a una voz, glorifiquéis al Dios y Padre de nuestro Señor Jesucristo. Por***

tanto, recibíos los unos a los otros, como también Cristo nos recibió, para gloria de Dios" (15:1-7).

La palabra clave en el primer verso es "debemos". Eso implica una deuda. Podríamos decir que el creyente fuerte tiene la obligación, la deuda, de considerar y llevar en amor y consideración al hermano más débil. Esto implicaría quizá soportarles, confortarles, enseñarles, ayudarles de cualquier forma posible.

El propósito de cada creyente debería de ser buscar el bien para su hermano con el propósito de edificarle en la vida y la fe cristiana. Pablo pone a Cristo como el ejemplo que todos debemos seguir porque ni aun Cristo se agradó a sí mismo sino siempre actuó para la edificación de los creyentes. Es una forma muy diferente de vivir para la mayoría de nosotros, y será imposible especialmente si no permitimos que el Espíritu Santo derrame el mismo amor que Cristo demostró por nosotros.

La palabra "perseverancia" casi siempre implica "dificultades" y nos recuerda que hay ocasiones cuando es difícil portarnos bien con un espíritu de amor hacia un hermano más débil. La gracia para poder hacerlo solamente viene de Dios por medio de su Palabra y en su tiempo nos llevará a una unidad verdadera—no solamente en palabras sino también en espíritu y en amor.

El propósito de Pablo al escribir estas palabras con las siguientes palabras: "*...para que con un solo corazón y una sola voz glorifiquen al Dios y Padre de nuestro Señor Jesucristo*". Cristo es nuestro ejemplo, como hermano mayor, de la aceptación que debemos extenderle a todos. Todos nosotros, ya seamos fuertes o más débiles, necesitamos reconocer y tratarnos los unos a los otros como cristianos. El amor regresa como el tema central.

Cristo no vino para ser servido como el Hijo de Dios, sino que llegó a esta tierra con un propósito muy distinto como leemos en los próximos versos:

> ***"Pues os digo, que Cristo Jesús vino a ser siervo de la circuncisión para mostrar la verdad de Dios, para confirmar las promesas hechas a los padres, y para que los gentiles glorifiquen a Dios por su misericordia, como está escrito:***
>
> ***Por tanto, yo te confesaré entre los gentiles,***
> ***Y cantaré a tu nombre. Y otra vez dice:***
> ***Alegraos, gentiles, con su pueblo.***
> ***Y otra vez:***
> ***Alabad al Señor todos los gentiles,***
> ***Y magnificadle todos los pueblos.***
> ***Y otra vez dice Isaías:***
> ***Estará la raíz de Isaí,***
> ***Y el que se levantará a regir los gentiles;***
> ***Los gentiles esperarán en él.***
>
> ***Y el Dios de esperanza os llene de todo gozo y paz en el creer, para que abundéis en esperanza por el poder del Espíritu Santo" (15:8-13).***

En estos versos el escritor toma un tema ordinario (el creyente más fuerte ayudando al hermano más débil) y lo profundiza: la relación entre los dos tipos de personas en la Iglesia Cristiana, los judíos y los gentiles y la necesidad de mantener la comunión y la unidad entre los dos grupos a pesar de las grandes diferencias que hay entre ellos. Siendo que Cristo ha recibido al judío y al gentil, nosotros como cristianos, seguidores de Cristo debemos hacer lo mismo. Cristo es el ejemplo que todo creyente debe seguir, y al seguirle, no habrá diferencias expresadas entre ningún cristiano y su hermano. No debe importar la raza, la educación, el nivel social, ni la cantidad de riquezas, lo que Cristo quiere es que seamos "uno, como Él y su Padre son uno". En Cristo no debe haber divisiones entre sus seguidores.

> ***"Pero estoy seguro de vosotros, hermanos míos, de que vosotros mismos estáis llenos de bondad, llenos de todo conocimiento, de tal manera que podéis amonestaros los unos a los otros. Mas os he escrito, hermanos, en parte con atrevimiento, como para haceros recordar, por la gracia que de Dios me es dada para ser ministro de Jesucristo a los gentiles, ministrando el evangelio de Dios, para que los gentiles le sean ofrenda agradable, santificada por el Espíritu Santo" (15:14-16).***

Ahora, Pablo habla de las exhortaciones para los cristianos para darles una explicación de sus propios motivos en escribirles la Epístola. De aquí hasta el fin del libro, Pablo escribe de una manera amable y hasta cariñosa explicando porque escribió la carta y por qué no había podido visitarlos todavía. También explica con un pasaje del Antiguo Testamento su llamado de Dios para llevar el evangelio a los gentiles.

> ***"Tengo, pues, de qué gloriarme en Cristo Jesús en lo que a Dios se refiere. Porque no osaría hablar sino de lo que Cristo ha hecho por medio de mí para***

la obediencia de los gentiles, con la palabra y con las obras, con potencia de señales y prodigios, en el poder del Espíritu de Dios; de manera que desde Jerusalén, y por los alrededores hasta Ilírico, todo lo he llenado del evangelio de Cristo. Y de esta manera me esforcé a predicar el evangelio, no donde Cristo ya hubiese sido nombrado, para no edificar sobre fundamento ajeno, sino, como está escrito: Aquellos a quienes nunca les fue anunciado acerca de él, verán; Y los que nunca han oído de él, entenderán" (15:17-21).

Es común que Pablo incluya un poco de su currículum como para apoyar su autoridad al escribir estas cartas de corrección y enseñanza. Y una de las mayores señales del respaldo de Dios son los milagros y prodigios que se ven en su ministerio.

Por lo mismo se ha atrevido a predicar el evangelio en muchos lugares, y dice en el verso 19, que él en realidad ha cumplido la tarea empezando desde Jerusalén y llegando hasta Iliria. (Iliria era una provincia al norte de Macedonia, hoy en día abarca el territorio de los países de Albania y Yugoslavia. Incluía también parte de lo que es ahora Grecia.)

Pablo sigue en estos versos justificando su estado con las personas que todavía no le habían conocido. Él todavía no había visitado Roma y por eso le preocupaba un poco la necesidad de que las personas en la congregación en Roma supieran quién es él. Con mucha sencillez, él explica no solamente que él es un apóstol, sino que también ha sido usado por Dios en su obra. Indudablemente, este pasaje son palabras de presentación para Pablo a los romanos. Palabras humildes y amables.

> ***"Por esta causa me he visto impedido muchas veces de ir a vosotros. Pero ahora, no teniendo más campo en estas regiones, y deseando desde hace muchos años ir a vosotros, cuando vaya a España, iré a vosotros; porque espero veros al pasar, y ser encaminado allá por vosotros, una vez que haya gozado con vosotros. Mas ahora voy a Jerusalén para ministrar a los santos. Porque Macedonia y Acaya tuvieron a bien hacer una ofrenda para los pobres que hay entre los santos que están en Jerusalén. Pues les pareció bueno, y son deudores a ellos; porque si los gentiles han sido hechos participantes de sus bienes espirituales, deben también ellos ministrarles de los materiales. Así que, cuando haya concluido esto, y les haya entregado este fruto, pasaré entre vosotros rumbo a España. Y sé que cuando vaya a vosotros, llegaré con abundancia de la bendición del evangelio de Cristo" (15:22-29).***

Pablo ya tenía años deseando visitar a los hermanos en Roma pero por varios impedimentos no le había sido posible. Pero, ahora Pablo está diciéndoles que siendo que él ha terminado con el mandato en la zona del mundo donde él vivía, era posible que pronto él pudiera visitarlos en Roma. Pablo había predicado en un territorio que cubría más de 1.400 millas y obviamente, esas distancias habían impedido su visita a la ciudad de Roma.

Luego en el verso 23 dice: "*Pero ahora, no teniendo más campo en estas regiones…*". No sabemos si él está diciendo que él mismo ha predicado en toda esta región o él juntamente con otros hermanos habían hecho el trabajo, pero lo que sí podemos saber es que el evangelio había sido predicado en toda la región. Es obvio que Pablo tenía un plan de trabajo y cuando él escribió a los cristianos en Roma era para decirles: "Yo he terminado con el plan y mi trabajo en estas regiones y ahora quiero ir a España y a Roma también".

Sin embargo, también tenía como plan ir a Jerusalén y ministrar a los cristianos allá. Como ministros, es bien importante siempre tener un plan. Dios pone la disposición y abre las puertas, pero nosotros tenemos que usar nuestra inteligencia para cumplir de la mejor manera con la tarea que nos ha sido entregada.

CAPÍTULO 16
DE ROMANOS

"Os recomiendo además nuestra hermana Febe, la cual es diaconisa de la iglesia en Cencrea; que la recibáis en el Señor, como es digno de los santos, y que la ayudéis en cualquier cosa en que necesite de vosotros; porque ella ha ayudado a muchos, y a mí mismo" (16:1-2).

PABLO EMPIEZA ESTE capítulo recomendando a una hermana, Febe, a los hermanos de la iglesia en Roma. Es probable que ella fuera quien llevó la carta a la iglesia y como en esta época no tenían manera de identificación concreta, la mejor manera de identificar a alguien era por la recomendación de otros.

Este tipo de recomendación entre los cristianos de la iglesia primitiva era muy común y una práctica que sería bueno utilizar hoy en día también. Un creyente quien era miembro de una iglesia en un lugar debería ser aceptado para la comunión de los cristianos en otro lugar y eso es lo que Pablo está pidiendo de los creyentes en Roma, que recibieran a Febe como sierva del Señor y que la ayudaran en cualquier cosa que ella necesitara porque ella había sido de ayuda a muchos de los hermanos, entre ellos Pablo mismo.

Aunque Pablo no nos da mucha información de la vida de Febe, lo que sabemos de ella es interesante. Su nombre, Febe, sugiere que ella no era judía sino pagana ya que "Febe" es uno de los nombres de la diosa, Diana. Pareciera que ella llegó al cristianismo desde un trasfondo pagano. Pablo la describe como "nuestra hermana" que es una expresión de la relación que existe entre los creyentes, que está basada en su unidad en Dios, el Padre de todos los creyentes por medio de su fe en Cristo Jesús. También Pablo describe a Febe como una sierva de la iglesia en Cencrea. Esta ciudad era el puerto para la ciudad de Corinto a unos 10 kilómetros de la ciudad. Pablo la llama una "diaconisa" y hay evidencia en el resto del mismo capítulo 16 que había muchas mujeres quienes ayudaban a Pablo en el ministerio. En aquellos días, y aun hoy en día, había muchas cosas que solamente una mujer podía hacer para otra mujer por la separación de los géneros que se encuentra en los países del este.

Empezando con el verso tres de este capítulo hasta el fin del mismo capítulo, Pablo alista a muchas personas que él había conocido en varios lugares pero ahora estaban en la iglesia en la ciudad de Roma (16:3-15). Se podría preguntar: ¿Cómo es posible que Pablo conociera a tantas personas en una iglesia donde él nunca había trabajado? Hay que recordar que Roma era el centro del mundo en aquel entonces y constantemente había movimiento de personas entrando y saliendo de la ciudad. Pablo ya tenía como 20 años viajando y trabajando en varias iglesias y no sería difícil que él conociera a muchísimas docenas de personas que él hubiera conocido en otros lugares, pero que ahora estuvieran en la iglesia en Roma.

La cantidad de mujeres mencionadas en esta lista muestra el honor e importante puesto que ocupaban las mujeres en el cristianismo. La mayor parte de los nombres son nombres de mujeres y eso es aún más interesante cuando recordamos las restricciones de la vida social para la mujer en aquellos tiempos. Mientras el apóstol Pablo en otras de sus escrituras pone un límite al trabajo de la mujer en la iglesia, la restricción es solamente en cuanto a su naturaleza esencial. Dentro de estas restricciones hay oportunidades abundantes para su servicio y la historia de los siglos es que solamente en conexión con el evangelio de Cristo es que la mujer puede realizar su naturaleza verdadera y cumplir con su misión más alta. En el día de hoy, el ministerio de la mujer está siendo honrado grandemente en ésta y otras naciones. Mientras una mujer más asimile y practique el espíritu esencial del evangelio, más efectiva será su vida y su trabajo.

También en este pasaje vemos algo del valor del hogar en relación al evangelio. Leemos de varias iglesias que se reunían en casas, especialmente la de Aquila y Priscila. ("*Saludad a Priscila y a Aquila Saludad también a la iglesia de su casa*" 16:3a, 5a.) Por los primeros dos o tres siglos los cristianos se reunían en casas privadas porque las autoridades civiles no les permitían reunirse en grupos grandes y aunque hubieran tenido permiso de hacerlo, en aquellos primeros días, ellos no tenían edificios aptos para ese tipo de reuniones. Estas reuniones pequeñas de creyentes tuvieron una influencia grande en perseverar la sencillez y pureza del cristianismo en los primeros años de su desarrollo.

El elemento del servicio es otra parte de la vida cristiana de los siglos tempranos y Pablo lo menciona en este capítulo. Por ejemplo, Aquila y Priscila son reconocidos como colaboradores (v. 3); María se menciona como una mujer que había "*trabajado mucho*" (v. 12). El evangelio siempre se expresa en un trabajo práctico para Dios. Muchos de los nombres son de personas que se asocian con alguna "actividad". Sus esfuerzos son persistentes en su trabajo para el Señor.

Otros nombres son asociados con "valentía". Ellos confrontaron peligro por la causa de Cristo. Esto se ve tanto en los hombres como las mujeres. Las mujeres mencionadas son de toda clase y al leer sus nombres podemos ver la variedad de su servicio y su vida. Podemos ver la variedad en las mujeres mencionadas cuando leemos lo poco que Pablo nos dice de mujeres como Febe, Priscila, Juñías, María, Trifena y Trifosa (¿serían gemelas?), y Persida—Pablo dijo que ella había trabajado mucho para el Señor. La misma situación se puede ver en la lista de los nombres de los hombres: Aquila, Andrónico, Urbano y muchos otros—todos expresaron su cristianismo en maneras diferentes y algunos hasta en su sufrimiento, pero todos fueron en el servicio de nuestro Señor Jesucristo.

Pero en medio de toda esta variedad, había una unidad también. Lo que les unía a todos en un solo cuerpo era su amor para el Señor Jesús como su Salvador, Maestro y Amigo. Es algo de lo cual no podemos hacer suficiente énfasis: la idea de la variedad en el Cuerpo de Cristo y al mismo tiempo la unidad. Cada persona en el Reino de Dios tiene su don que le fue dado por el Señor Jesús y cada persona debe operar y trabajar según este don o dones, pero al mismo tiempo estamos unidos por la gracia de Dios. Eso no significa que todos tenemos la misma opinión, pero sí significa que en nuestra variedad podemos fluir unidos en nuestro amor para el Señor y nuestro servicio para Él.

Y esta unidad entre sus colaboradores, parece llevarlo a una última exhortación sobre la unidad, y el amor.

> ***"Mas os ruego, hermanos, que os fijéis en los que causan divisiones y tropiezos en contra de la doctrina que vosotros habéis aprendido, y que os apartéis de ellos. Porque tales personas no sirven a nuestro Señor Jesucristo, sino a sus propios vientres, y con suaves palabras y lisonjas engañan los corazones de los ingenuos" (16:17-18).***

Pablo no está demandando algo de los hermanos, él está pidiéndoles, rogándoles que ellos actúen de cierta manera. Él está diciéndoles que hay un problema muy grande con las personas que estaban llegando a los hermanos y causando divisiones y ofensas. Puede haber sido que algunos de los judíos que querían que todos los cristianos siguieran obedeciendo la ley de Moisés hayan venido a los cristianos y les hayan causado mucha confusión. Es la misma situación que existe hoy en día con la cantidad de doctrinas erróneas que se han levantado, y nosotros tenemos que actuar en la misma manera que Pablo les dijo a los cristianos en Roma: "Márquenlos, fíjense en las personas que vienen con doctrinas nuevas y que causan divisiones con sus doctrinas. No solamente fíjense en ellos, pero también sepárense de ellos" (Romanos 16:17). Pablo está diciéndoles a los hermanos en Roma y a nosotros hoy en día que no debemos andar con personas que siempre quieren cambiar la doctrina de la pureza del evangelio del Señor Jesús, y que debemos separarnos de tales personas que lo hagan. Es una protección tanto para nosotros como para los que vienen detrás de nosotros.

> ***"Porque tales personas no sirven a nuestro Señor Jesucristo, sino a sus propios vientres, y con suaves***

> ***palabras y lisonjas engañan los corazones de los ingenuos" (16:18).***

Pablo nos dice algo tan práctico y es que en realidad estas personas no tienen ninguna revelación nueva y no están sirviendo al Señor Jesús, sino a sus propios deseos y sentimientos. Estas personas se están aprovechando del evangelio para su propia conveniencia. Lisonjeando y engañando a personas cuya conciencia es débil y fácil de engañar. Ganan su lealtad pero en vez de dirigirla hacia el Señor Jesucristo, la dirigen hacia ellos mismos para que las personas se sientan obligadas a ser leales a ellos en vez de dar toda su lealtad y servicio al Señor y al cuerpo del Señor Jesucristo. Este era un problema en el primer siglo de la historia de la iglesia, y sigue siendo un problema hoy en día. Existen maestros falsos que quieren engañar a la gente para su propia ganancia, y en vez de predicar el puro evangelio seguirlos a ellos en lugar de seguir a Cristo. ¡Es una tristeza y una desgracia!

> ***"Porque vuestra obediencia ha venido a ser notoria a todos, así que me gozo de vosotros; pero quiero que seáis sabios para el bien, e ingenuos para el mal" (16:19).***

Pablo nos dice que él quiere que seamos "sabios" para el bien, e "ingenuos" para el mal. Debemos poder reconocer el mal cuando lo vemos y esto es ser sabio porque de esta manera podremos tomar los pasos necesarios para evitar o combatirlo. Cuando escuchemos una doctrina "nueva" (en realidad no hay tal cosa), si somos sabios vamos a reconocerla como error y escapar de ella. Siendo "ingenuos" para el mal es que el mal no nos atrae ni nos pueda engañar.

Después del paréntesis sobre obreros malos que vendrán, Pablo sigue con sus recomendaciones y saludos para los hermanos en la iglesia en Roma.

> ***"Os saludan Timoteo mi colaborador, y Lucio, Jasón y Sosípater, mis parientes. Yo Tercio, que escribí la epístola, os saludo en el Señor. Os saluda Gayo, hospedador mío y de toda la iglesia. Os saluda Erasto, tesorero de la ciudad, y el hermano Cuarto. La gracia de nuestro Señor Jesucristo sea con todos vosotros. Amén" (16:21-24).***

Se menciona el nombre de Tercio, el que escribió lo que Pablo le había dictado. Pablo hace esto muchas veces en sus cartas. Obviamente era más fácil para él tener a alguien allí escribiendo lo que él dictaba bajo la inspiración del Espíritu Santo que tener que hacer él toda la obra tediosa de escribir. Todos reciben algún tipo de reconocimiento por su trabajo. Todos tenemos una función qué cumplir en el Cuerpo de Cristo.

No es usual que Pablo termine sus cartas con una doxología, pero en el caso de Romanos, les da una bendición pastoral al final de la carta:

> ***"Y al que puede confirmaros según mi evangelio y la predicación de Jesucristo, según la revelación del misterio que se ha mantenido oculto desde tiempos eternos, pero que ha sido manifestado ahora, y que por las Escrituras de los profetas,***

según el mandamiento del Dios eterno, se ha dado a conocer a todas las gentes para que obedezcan a la fe, al único y sabio Dios, sea gloria mediante Jesucristo para siempre. Amén" (16:25-27).

Y así termina el libro que es posiblemente el más leído, discutido y estudiado que Pablo jamás escribió. Gracias a Dios por el tesoro que Pablo, por medio del Espíritu Santo, nos dejó. Y mi deseo es que la sana doctrina contenida en ella se siga predicando hasta la venida de nuestro Señor. Qué Él nos encuentre trabajando en la tarea que nos dejó: "*Y les dijo: Id por todo el mundo y predicad el evangelio a toda criatura*" (Marcos 16:15).

Romanos: PUNTOS PARA PROFUNDIZAR

Capítulo 9

1. En Romanos 9:1-5, el apóstol Pablo está lamentando con "continuo dolor de corazón", ¿por cuál grupo de personas?
2. En 50-100 palabras, escriba el significado de Romanos 9:24-26 (sacado del libro de Oseas del Antiguo Testamento).
3. En 50-100 palabras, explique lo que el profeta Isaías y ahora Pablo están diciendo en Romanos 9:27-29.
4. En Romanos 9:32, está la explicación de porqué los gentiles alcanzaron justicia y Israel no la alcanzó. Favor de escribir estas dos razones.

Capítulo 10

1. En los primeros tres versos de Romanos 10, Pablo expresa otra vez su deseo de ver al pueblo de ____________________ salvo.
2. En Romanos 10:8-10 encontramos el plan de salvación. Hay tres pasos, ¿cuáles son?
3. Lea Romanos 10:12-13 y conteste las siguientes preguntas:
    a. ¿Hay diferencia entre judío y griego?
    b. ¿Por qué?
    c. ¿Qué pasa con todo aquel que invoca el nombre del Señor?
4. Lea Romanos 10:14-15. Estos versos son como una escalera del progreso, pasó tras paso, de la necesidad de llevar el evangelio a los que no lo tienen. Ilustre esta escalera y

explique o comente sobre cada paso. Son 4 pasos, con el 5to paso hablando de los pies que anuncian la paz.

5. "Así que la _____ es por él _________ y el oír, por la _________ de _________."

Capítulo 11

1. Pablo empieza el capítulo 11 con una pregunta: ¿Ha desechado Dios a su pueblo? En Romanos 11:5, ¿Cuál fue la respuesta que Pablo dio?
2. En el verso 13, Pablo declara que él es ________ Pablo declara que él es __________ a los _________________.
3. En 50-100 palabras explique su entendimiento de Romanos 11:16-21.
4. Para que uno se aleje rápidamente de Dios hay tres cosas que tiene que hacer. ¿Qué son? (Romanos 1:2)
5. Explique como "murmurar" es la voz de la incredulidad.

Capítulo 12

1. El tema de los primeros 11 capítulos de Romanos es la ________________ _____ _____________.
2. En los primeros dos versos de Romanos 12, ¿cómo conecta Pablo el capítulo 12, y cuál es la conclusión de esta conexión?
3. La entrega de nuestro cuerpo a Cristo es ______, es __________ y también es ___________ o ___________. Es un sacrificio ______________.
4. Después de que Pablo rogó a los creyentes presentar sus cuerpos en sacrificio vivo, él hizo una lista de las maneras prácticas en las cuales los creyentes deben conducir su vida. Complete la frase.

a. ____________ los unos a los otros.
b. _______ los unos a los otros.
c. ___________ en espíritu.
d. ________ en la tribulación.
e. _________ en la oración.
f. ____________ para las necesidades de los santos.
g. ____________ la hospitalidad.
h. Bendecid a los que os ______________.
i. ___________ con los que gozan.
j. ___________ con los que lloran.
k. No ________, sino asociándoos con los _________.
l. No paguéis a nadie ______ por ___________.
m. Si es posible, ____________ ______ ___________ con todos los _________.

5. Escriba en 50-100 palabras la explicación de Romanos 12:19.
6. Escriba en 50-100 palabras la explicación de Romanos 12:20-21.

Capítulo 13

1. En el capítulo 12, Pablo habló de las obligaciones de los creyentes en relación con la familia y con sus hermanos espirituales. ¿Cuáles son las relaciones con las que trata Pablo en el capítulo 13?
2. Escriba en 50-100 palabras la explicación de Romanos 13:78.
3. ¿En cuál mandamiento se cumple toda la ley?

Capítulo 14

1. Explique cómo es que Romanos 14:21 es el corazón de lo que Pablo dice en el capítulo 14.

2. En la Biblia de Estudio Arqueológica, NVI, Romanos 14:21 dice: "Más vale no ________ __________ ni beber ________, ni hacer ________ _____ __________ __________ ______ ________ ____________".

CAPÍTULO 15

1. En la primera parte del capítulo 15, ¿Pablo está concluyendo cuál pensamiento?
2. ¿Cuál es la palabra clave en el primer verso del capítulo 15?
3. En los versos 24 y 25 Pablo menciona tres lugares que él tiene planes para visitar. ¿Qué son?

CAPÍTULO 16

1. Escoja el nombre de una de las mujeres alistadas en el capítulo 16 y de las que han sido de ayuda a Pablo en el ministerio.
2. Después haga una investigación de una de ellas y escriba un reporte de 400-500 palabras.

REFERENCIAS

1. *Biblia de Referencia Thompson*, con versículos en cadena temática. Compilado y redactado por Frank Charles Thompson, D. D., Ph.D. Miami: Editorial Vida, 1988.

2. *Biblia Plenitud* (Versión Reina Valera, 1960). Ed., Jack W. Hayford. Miami: Editorial Caribe, 1994.

3. *Santa Biblia de Estudio Arqueológica* (NVI). Producción del Gordon-Conwell Theological Seminary, Ed. General, Dr. Duane Garrett. Miami: Editorial Vida, 2009.

4. Kittel, Gerhard and Gerhard Friedrich. *Theological Dictionary of the New Testament (Diccionario Teológico del Nuevo Testamento).* Traducido del alemán por Geoffrey W. Bromily. Grand Rapids, Michigan: Wm. B. Eerdmans Publishing, 1985.

5. Deen, Edith. *All of the Women of the Bible (Todas las mujeres de la Biblia).* San Francisco: Harper and Row Publishers, 1955.

6. Barker, William P. *Everyone in the Bible (Todas las personas de la Biblia).* Westwood, New Jersey: Fleming H. Revell, 1966.

7. Thomas, Griffith, D.D. *St. Paul's Epistle to the Romans (La epístola de San Pablo a los romanos).* Grand Rapids, MI: Wm. B. Eerdsmans, 1956.

8. Warren, D. F., Jr. *Romanos.* Grabaciones en audio de clase dada en el Instituto Bíblico Bethel, Durango, México, 2005-2006. (Casete)

9. *Grand Diccionario de la Lengua Española,* Programa Educativo Visual. Colombia, Sudamérica: Carvajal, 1995.

LIBROS DE LA SERIE BASES BÍBLICAS

de FRANK y NOLA WARREN

Libro 1: *Carta a un hijo: Un estudio básico de Primera de Timoteo*

Libro 2: *El verdadero cristianismo: Un estudio básico de Primera de Juan*

Libro 3: *El camino de la fe, Volumen I: Un estudio básico de los capítulos 1-8 de Romanos*

Libro 4: *El camino de la fe, Volumen II: Un estudio básico de los capítulos 9-16 de Romanos*

Libro 5: *Una vida de fe: Un estudio básico de Santiago*